Perispírito
Periespíritu Perispirit

LUIS HU RIVAS

🇧🇷 Péricles, um menino muito esperto, estava preocupado na véspera do seu primeiro dia de aula em uma nova escola:
– Será que conseguirei fazer algum amigo?
Sua mãe, dona Ana, tentava acalmá-lo.
– Mas, mãe... E se ninguém gostar de mim? – indagou o pequeno Péricles.
Vendo a preocupação de seu filho, dona Ana fez uma prece ao lado dele e depois o tranquilizou dizendo:
– Vai dar tudo certo, filho! Confiemos em Deus!

🇪🇸 Pericles, un niño inteligente, estaba preocupado porque mañana sería su primer día de clases en el nuevo colegio.
– ¿Podré tener nuevos amigos?
Su mamá, doña Ana, trató de calmarlo.
– Pero mami … ¿Y si no le gusto a nadie? – preguntó el pequeño Pericles.
Al ver la preocupación de su hijo, oró junto a él y al final lo tranquilizó diciendo:
– ¡Todo estará bien, hijo! ¡Confiemos en Dios!

🇺🇸 Pericles, a very smart boy, was feeling worried on the eve of his first day at a new school.
"Will I be able to make friends?" he wondered.
His mother, Mrs. Ana, tried to calm him down.
"But, Mom… what if no one likes me?" asked little Pericles.
Seeing her son's concern, Mrs. Ana said a prayer by his side and reassured him, saying, "Everything will be alright, son! Let's trust in God!"

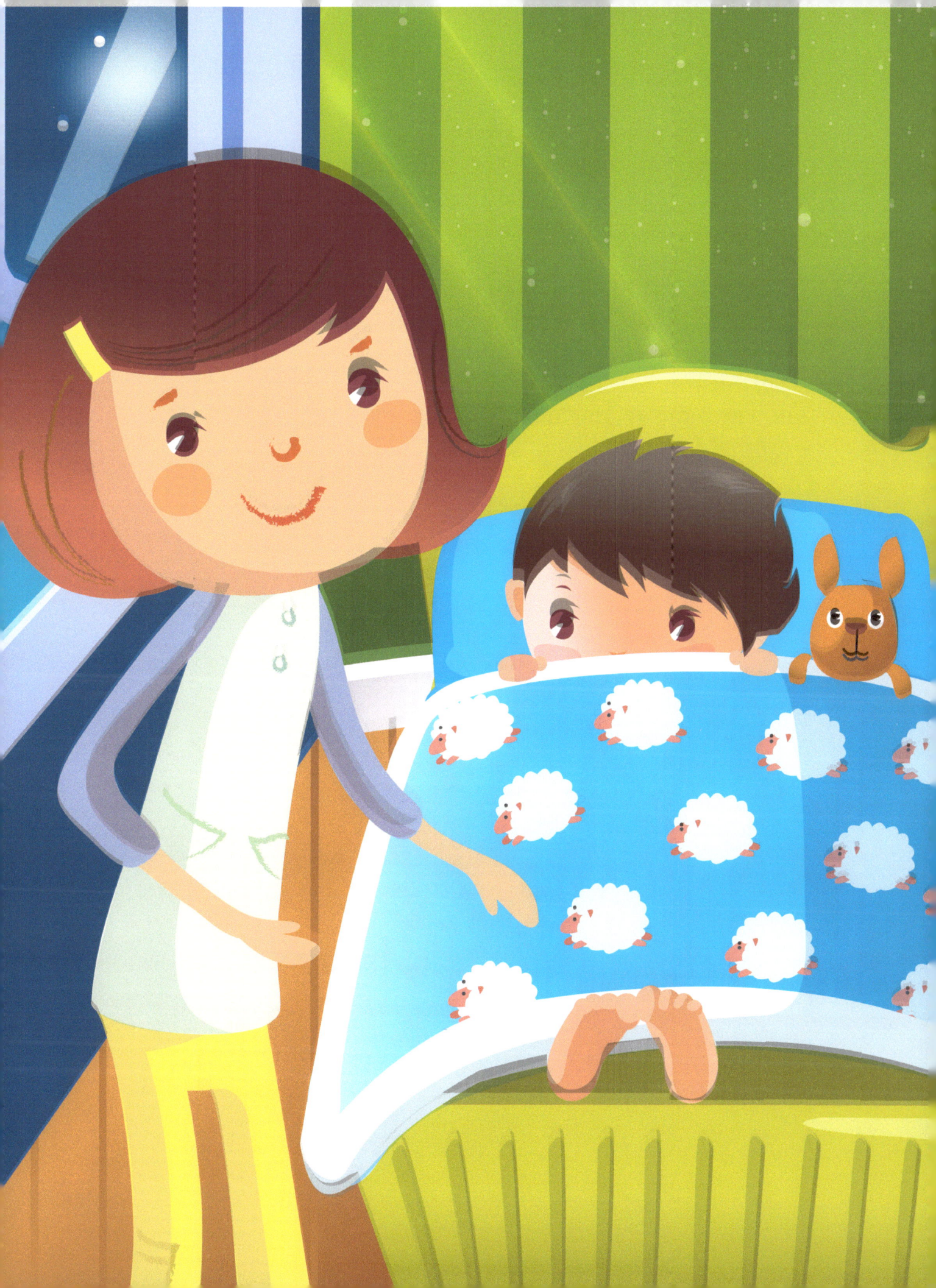

🇧🇷 Naquela noite, quando Péricles adormeceu, ele sentiu um alívio diferente por causa da prece. Então, algo mágico e surpreendente aconteceu.
Ele se sentiu muito leve, como se estivesse voando.
– Ahh! Que legal! – exclamou Péricles, contente.
Mas, ao ver seu corpo na cama, disse a si mesmo admirado:
– Como assim? Eu estou deitado!
O menino tentou voltar ao seu corpo, porém não conseguiu. Preocupado, perguntou-se:
– Será que estou sonhando? Ou talvez...
Enquanto falava, ouviu uma voz dizer:
– Calma! Só estamos sonhando!

Esa noche, durmió más tranquilo por causa de la oración, y mientras descansaba, pasó algo mágico y sorprendentemente. ¡Se sintió leve, como que volaba!
– ¡Ohh! ¡Qué bueno! – exclamó Pericles, contento.
Pero al ver su cuerpo en la cama, dijo sorprendido:
– ¿Cómo puedo verme acostado?
Intentó regresar a su cuerpo, pero no pudo, preocupado, se preguntó:
– ¿Estoy soñando? O tal vez...
De pronto, escuchó una voz decir:
– ¡Cálmate! ¡Estamos en un sueño!

That night, when Pericles went to sleep, he felt a special relief because of the prayer. Then, something magical and surprising happened.
He felt very light, as if he were flying.
"Whoa, this is awesome!" Pericles happily exclaimed.
But, seeing his body on the bed, he was taken aback.
"How can this be? I'm lying down!"
The boy tried to return to his body, but wasn't able to. Worried, he asked himself, "Am I dreaming? Or, maybe..."
As he spoke, he heard a voice saying, "Calm down! We're only dreaming!"

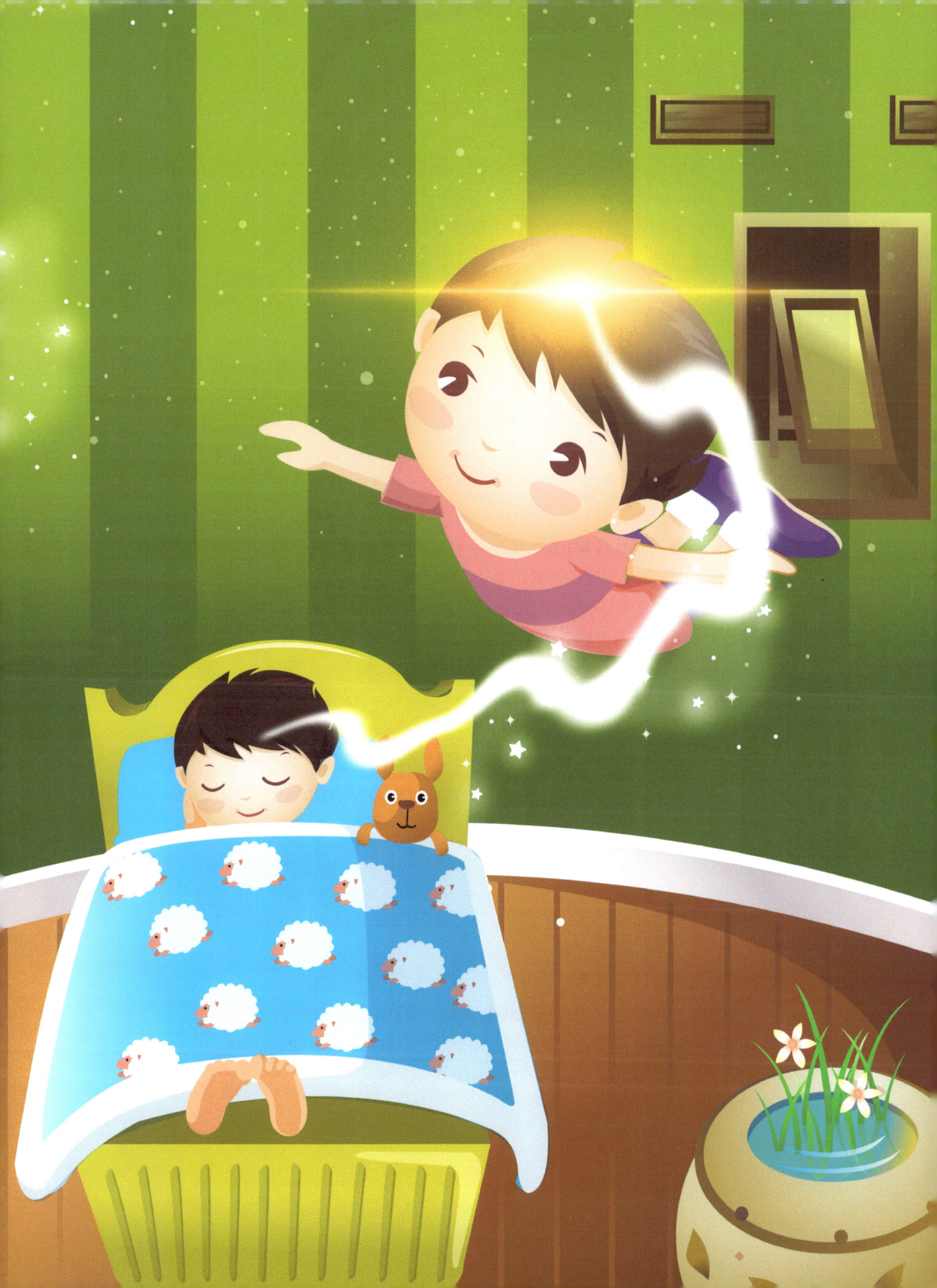

– Ufa! Ainda bem! Mas... quem é você? – perguntou o menino.
– Eu sou Catarina. E você? – falou a menina.
– Eu me chamo Péricles, mas por que você está no meu sonho? Espere... Como entrou aqui?
A garota sorriu diante de tantas perguntas.
– O que está acontecendo? Acho que eu morri! – lamentou Péricles.
– Morreu nada! Apenas estamos fora do nosso corpo! – Catarina tentou consolá-lo. – Comigo também aconteceu isso ao dormir e, até agora, não consegui voltar ao meu corpo.

– ¡Uff, gracias a Dios! ¿Quién eres tú? – preguntó el niño.
– Soy Catalina. – respondió la niña. – ¿Y tú?
– Me llamo Pericles, pero ¿por qué estás en mi sueño? ¿Y cómo llegaste aquí?
La niña sonrió con tantas preguntas.
– ¿Qué está pasando? Creo que me morí! – Pericles lamentado.
– ¡No estamos muertos! – dijo Catalina. – Eso me pasó a mí cuando dormí, estaba volando y aún no he podido regresar a mi cuerpo.

"Oh, thank goodness! But… who are you?" asked the boy.
"I'm Catarina. What's your name?" said the girl.
"My name is Pericles, but why are you in my dream? Wait… how did you get here?"
The girl smiled at all the questions.
"What's happening? I think I died!" Pericles panicked.
"You're not dead! We just aren't in our bodies!" Catarina tried to console him. "It happened to me too when I fell asleep, and I haven't been able to return to my body."

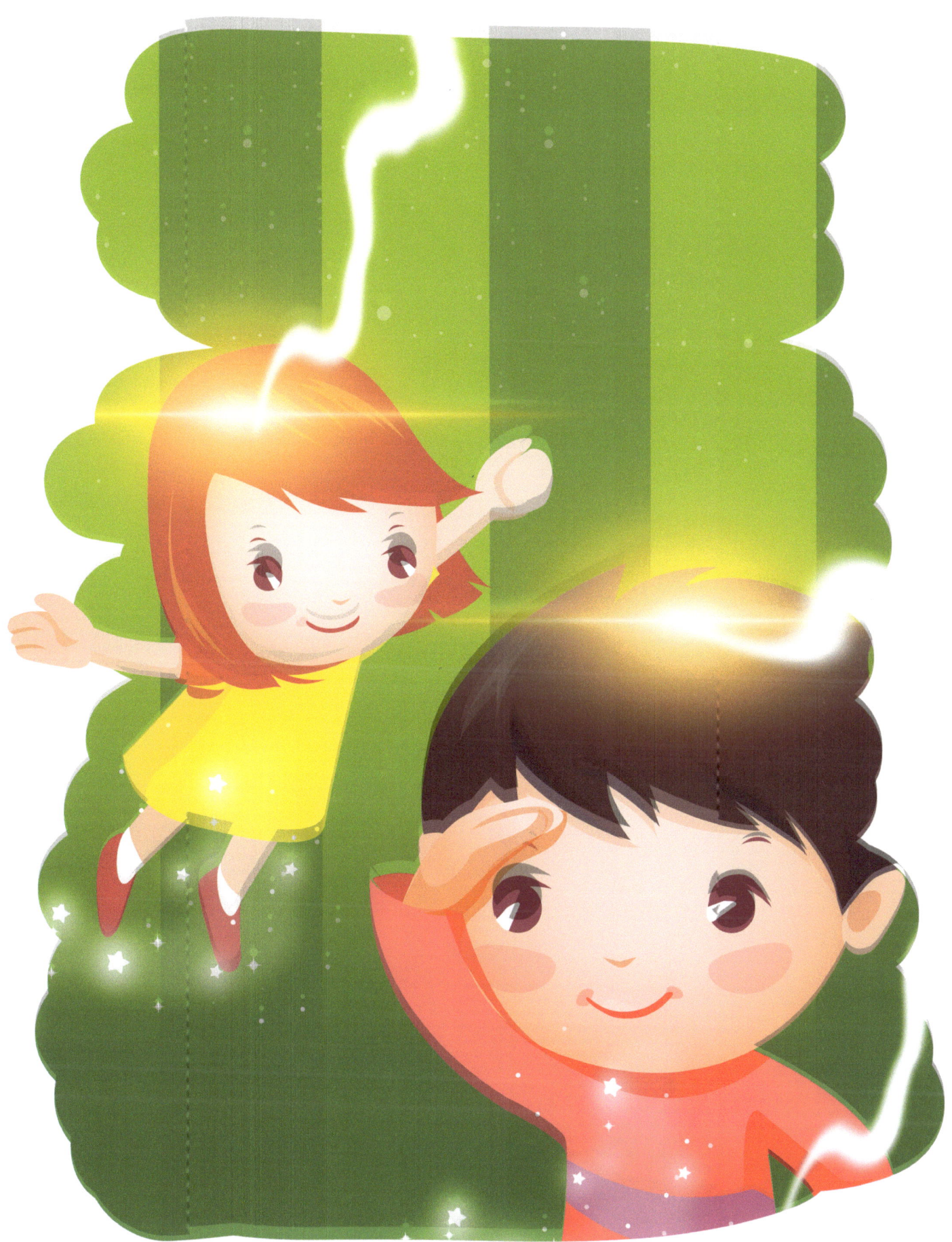

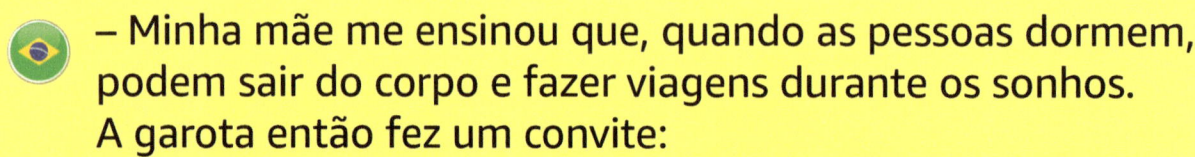
— Minha mãe me ensinou que, quando as pessoas dormem, podem sair do corpo e fazer viagens durante os sonhos. A garota então fez um convite:

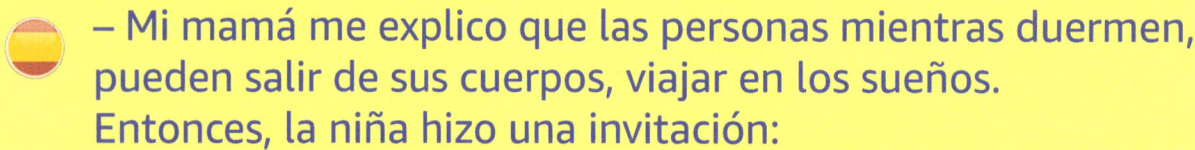
— Mi mamá me explico que las personas mientras duermen, pueden salir de sus cuerpos, viajar en los sueños. Entonces, la niña hizo una invitación:

"My mother taught me that when people sleep, they can leave their bodies and go on trips during their dreams." The girl then made an invitation:

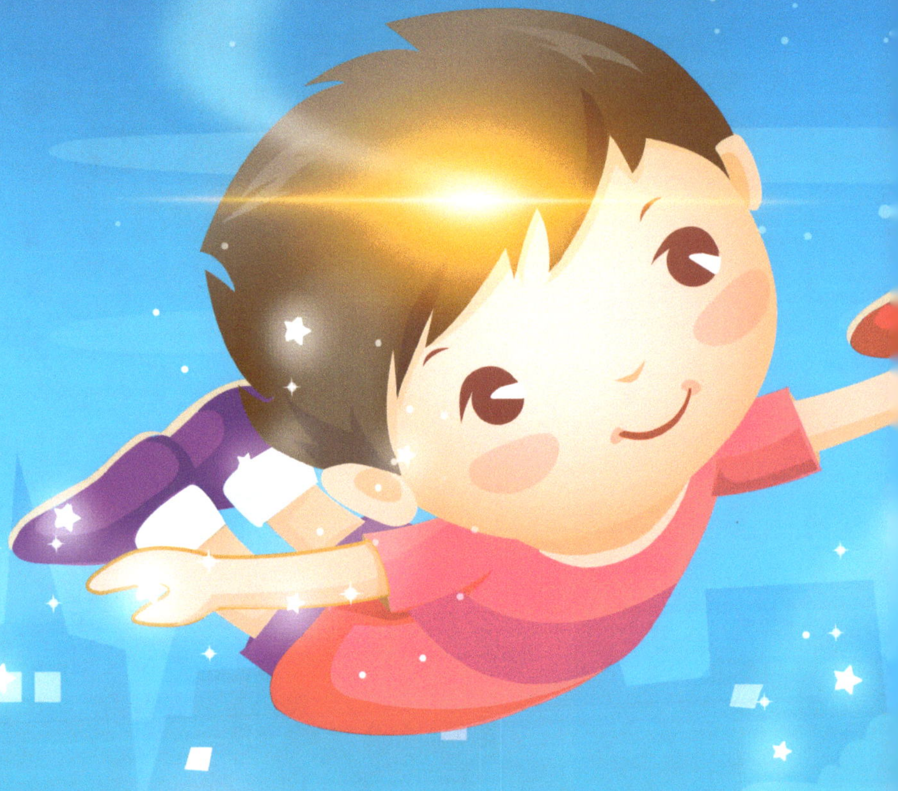

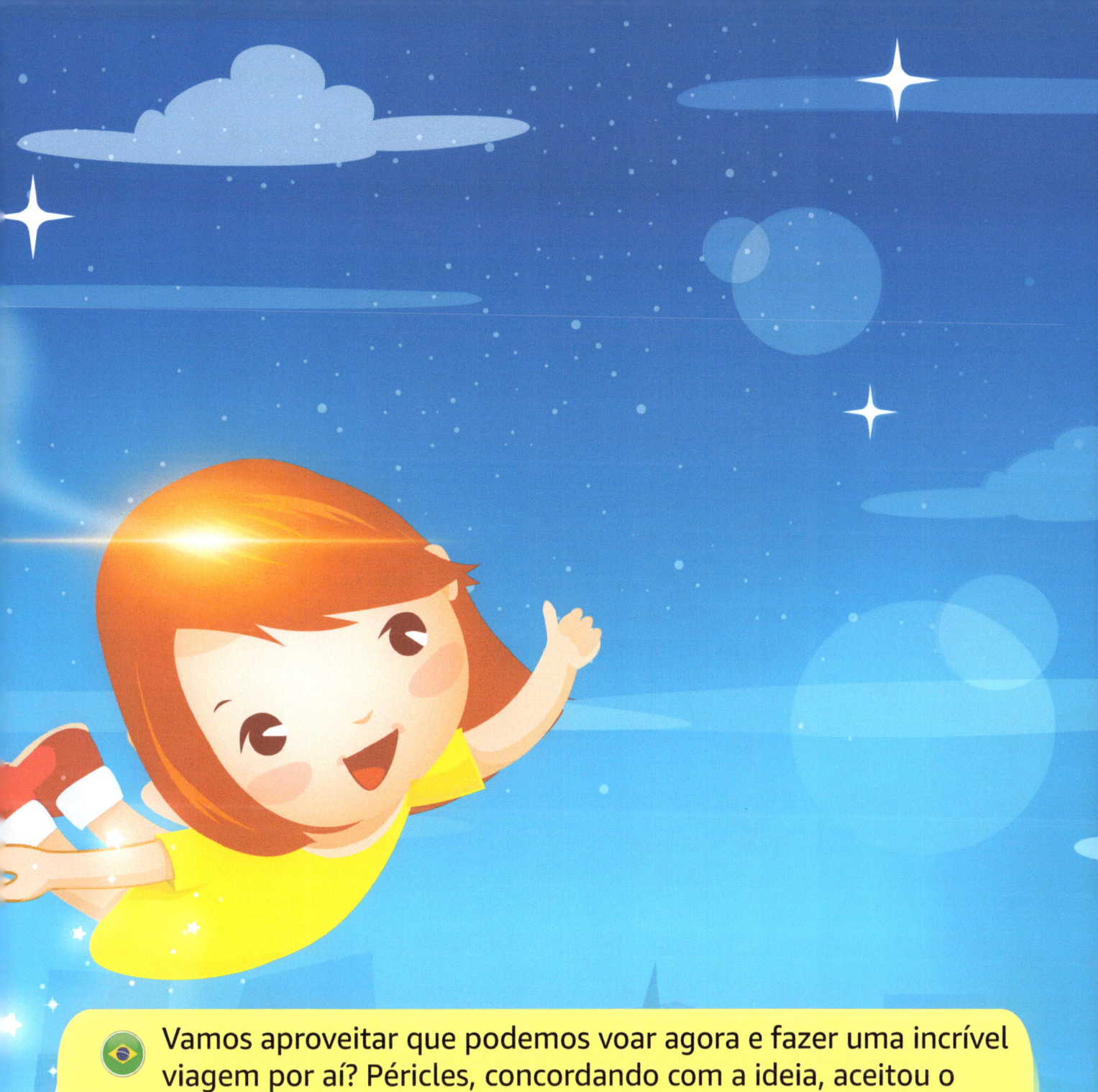

🇧🇷 Vamos aproveitar que podemos voar agora e fazer uma incrível viagem por aí? Péricles, concordando com a ideia, aceitou o convite e disse:
– Isto me faz lembrar o conto do Peter Pan.

🇪🇸 ¿Aprovechemos ahora que podemos volar y hacer un viaje increíble? Pericles aceptó y le dijo:
– Esto me recuerda al cuento de Peter Pan.

🇺🇸 "Do you want to go on an incredible trip now that we can fly?" Pericles, liking the idea, accepted the invitation and said, "This reminds me of Peter Pan!"

Do alto, os dois olhavam as praças, os prédios, a lua e as estrelas, encantados com a situação.
– Nossa! Daqui tudo parece ser mais bonito! – falou Catarina. – Você também não acha, "Peri"?
– Sim. Estou achando esta viagem fantástica! – disse Péricles.
– Você quer ser meu amigo?
– Claro, Catarina, vamos ser amigos. – respondeu Péricles contente.

Desde arriba, los dos miraron las plazas, los edificios, los paisajes, la luna y las estrellas, y quedaron encantados.
— ¡Guau! ¡Desde aquí todo parece ser más hermoso! — dijo Catalina. — ¿No te parece "Peri"?
— Sí. ¡Este viaje me parece maravilloso! — dijo Pericles.
— ¿Quieres ser mi amigo?
— ¡Por supuesto! — respondió Pericles, contento.

Up in the sky, the pair looked down at the parks, the buildings, the moon, and the stars, and were delighted.
"Wow! From here everything looks more beautiful!" said Catarina. "Don't you think, Peri?"
"Totally! I'm absolutely loving this trip!" said Pericles.
"Do you want to be my friend?"
"Of course, Catarina, let's be friends," replied Pericles happily.

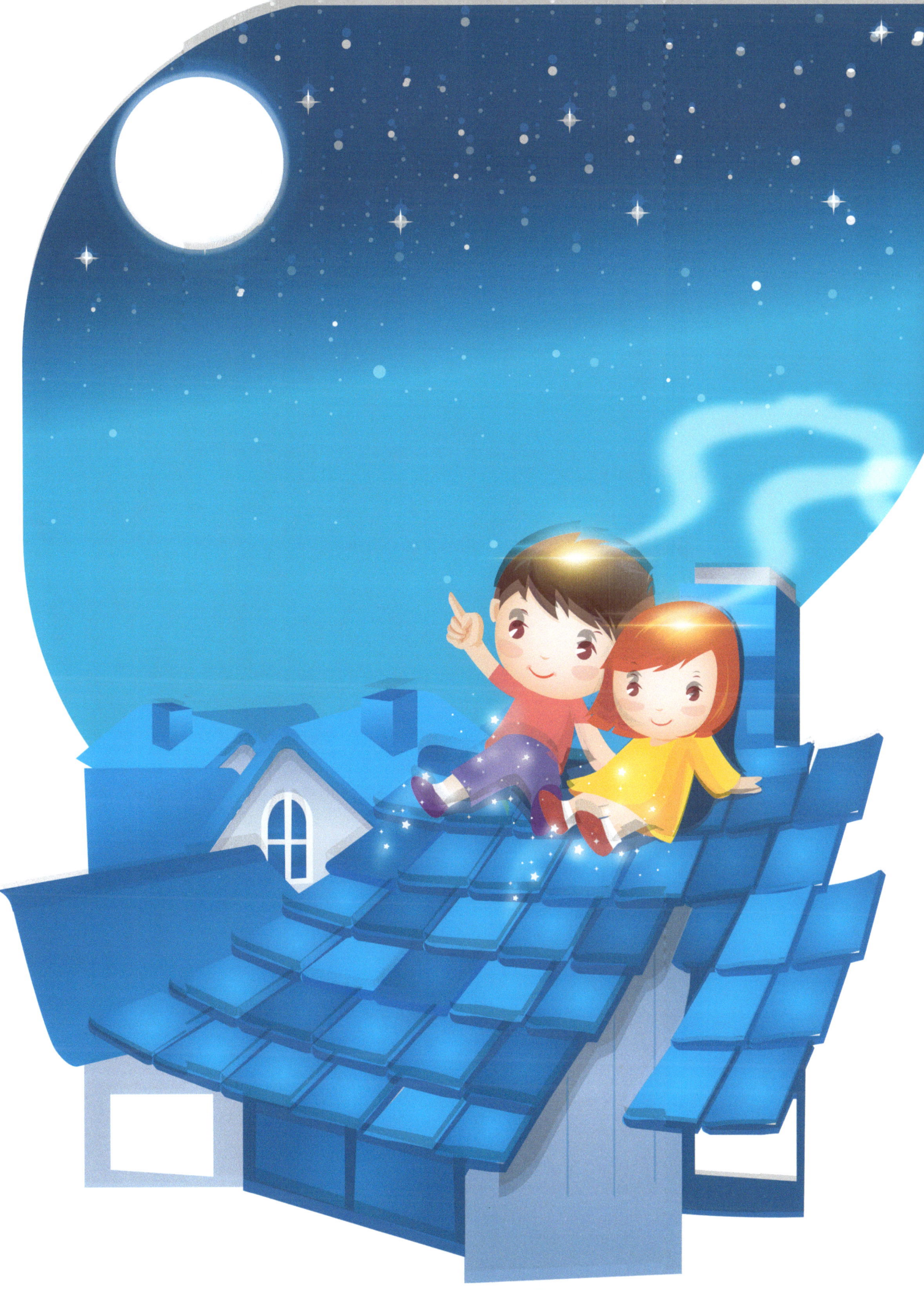

🇧🇷 Péricles, curioso, queria saber mais sobre os sonhos. Por isso, pediu a Catarina que ela contasse o que sabia sobre o assunto.
– Minha mãe, para me explicar melhor, disse que as pessoas são como frutas.

🇪🇸 Pericles, muy curioso, quería saber más sobre los sueños. Le pidió a Catalina que le cuente todo lo que conocía.
– Mi mami, para explicarme mejor, dijo que las personas son como frutas.

🇺🇸 Pericles was curious and wanted to learn more about dreams. So, he asked Catarina what more she knew about them.
"When my mother explained dreams to me, she said people are like fruits."

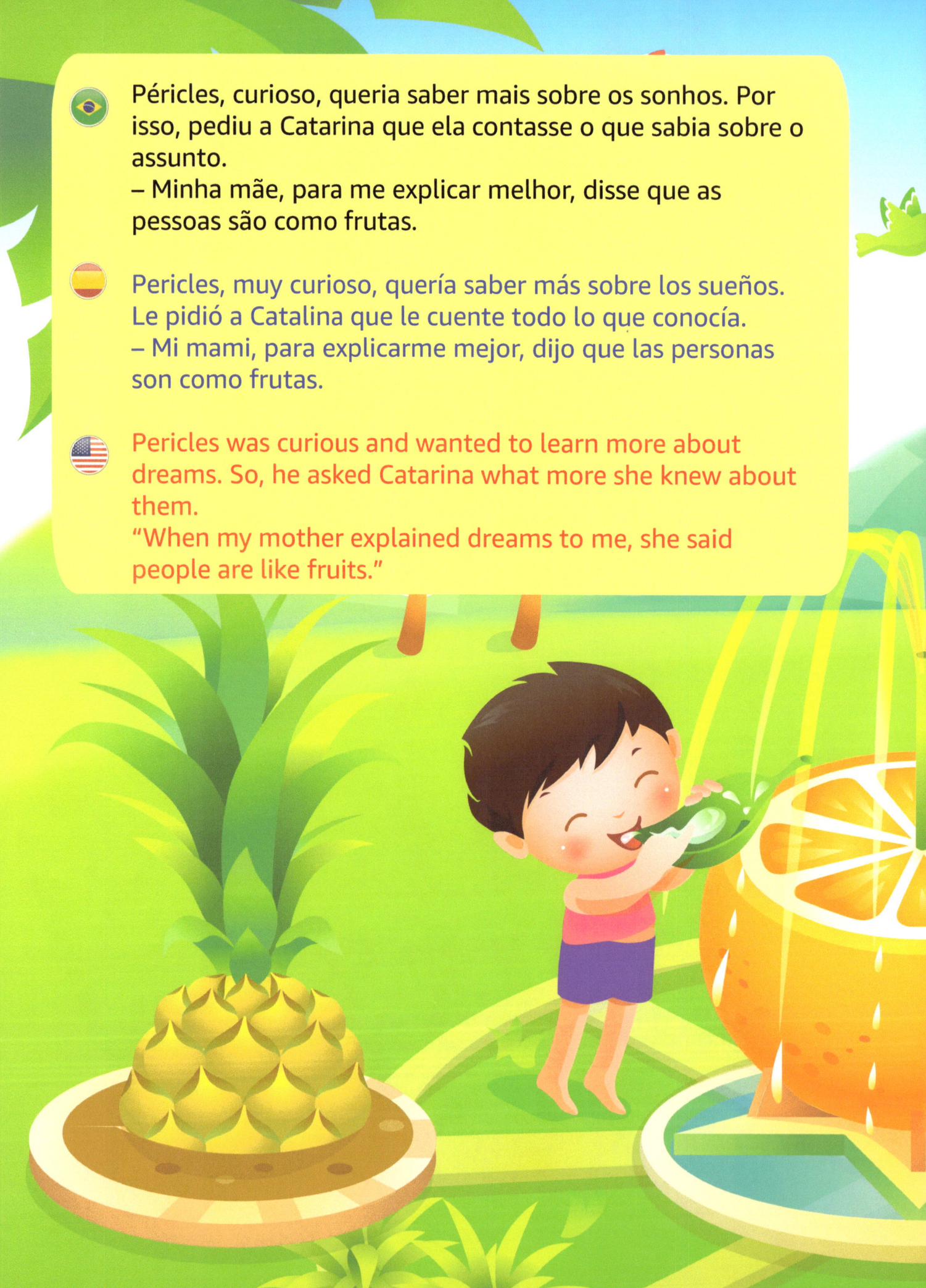

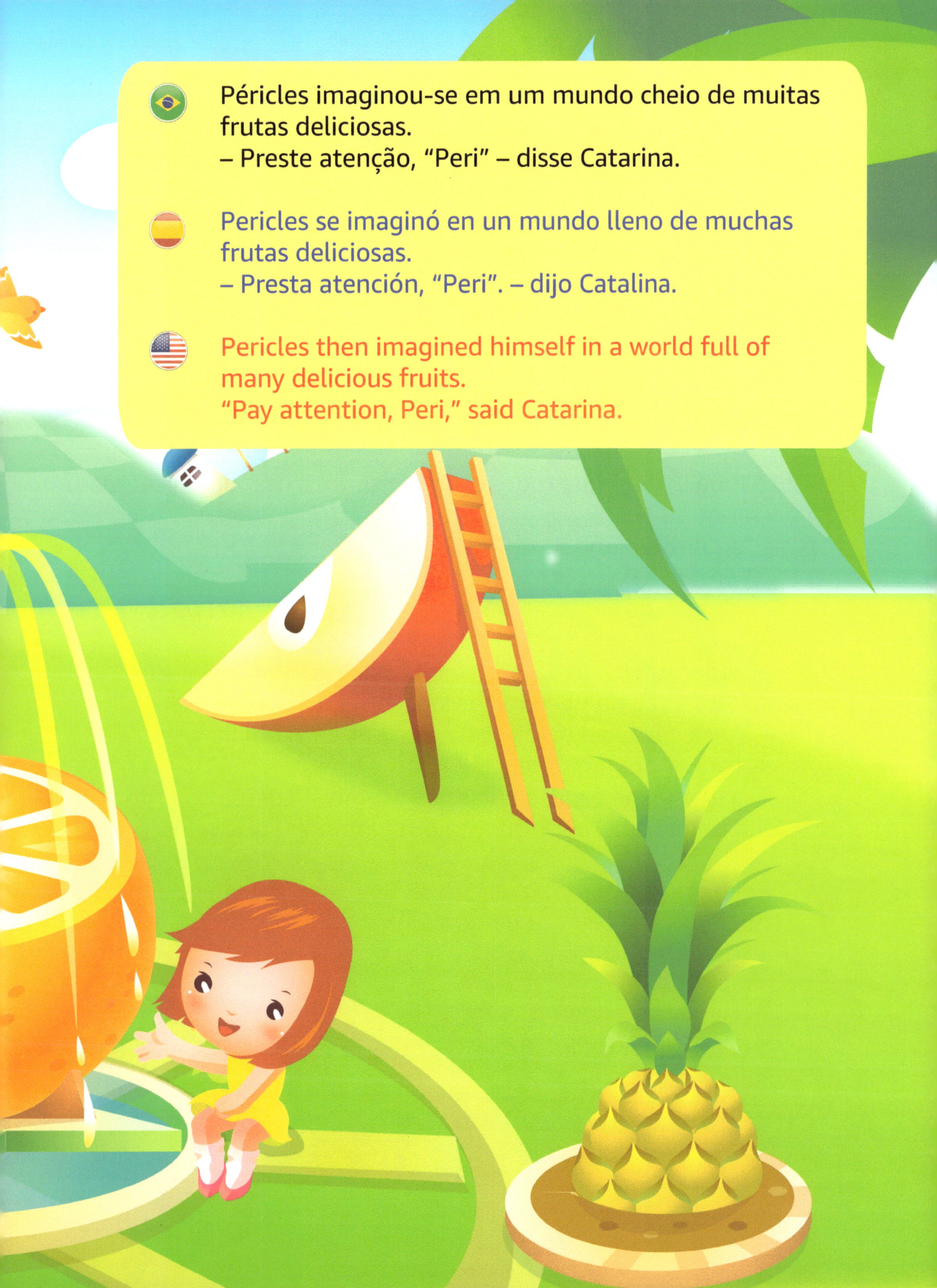

A garota explicou que todos nós somos Espíritos utilizando um corpo e perguntou:
= Toda fruta tem sua casca, certo?
= Certo! – confirmou Pericles.
= E dentro da casca está a semente da fruta. Certo?
= Sim!
= Então, o Espírito é como a semente da fruta, e a casca é como se fosse o nosso corpo!
= E aquela parte do meio, que está entre a semente e a casca? = perguntou Pericles.
= Minha mãe disse que essa parte é o corpo espiritual, que se chama perispírito, como seu nome: Peri...cles.

La niña explicó que todos somos espíritus, usando un cuerpo y preguntó:
– Cada fruta tiene su cáscara, ¿verdad?
– ¡Verdad! – Pericles respondió.
– Y dentro de la cáscara está la semilla de la fruta. ¿Ok?
– ¡Sí!
– Entonces, el Espíritu es como la semilla de la fruta, y la cáscara es como nuestro cuerpo.
– ¿Y esa parte del medio, que está entre la semilla y la cáscara? – preguntó Pericles.
– Mi mamá me explicó que eso es como el cuerpo espiritual, que se llama periespíritu, como tu nombre: Peri … cles.

The girl explained that we are all Spirits wearing a body and asked, "Every fruit has its skin, right?"
"Right!" Pericles confirmed.
"And inside that skin is the fruit's seed. Right?"
"Yes!"
"So, the Spirit is like the seed of the fruit, and the skin is like our body!
"What about the part in the middle, between the seed and the skin?" asked Pericles.
"My mother said that this part is the spiritual body, which is called the perispirit, like your name:
Peri… cles."

- 🇧🇷 Corpo físico
- 🇪🇸 Cuerpo físico
- 🇺🇸 Physical body

- 🇧🇷 Perispírito
- 🇪🇸 Periespírito
- 🇺🇸 Perispirit

- 🇧🇷 Espírito
- 🇪🇸 Espíritu
- 🇺🇸 Spirit

- 🇧🇷 Pericarpo
- 🇪🇸 Pericarpio
- 🇺🇸 Pericarp

- 🇧🇷 Casca
- 🇪🇸 Cáscara
- 🇺🇸 Skin

- 🇧🇷 Semente
- 🇪🇸 Semilla
- 🇺🇸 Seed

🇧🇷 – Por exemplo, agora, você está vendo meu perispírito – disse Catarina.
– Hum! E esse fio luminoso que está saindo da cabeça?

🇪🇸 – Por ejemplo, ahora, estás viendo mi periespíritu. – dijo Catalina.
– ¡Mmm...! ¿Y ese hilo luminoso que nos sale de la cabeza?

🇺🇸 "For example, what you're seeing now is my perispirit," said Catarina.
"Hmm… and what about that glowing string coming out of your head?"

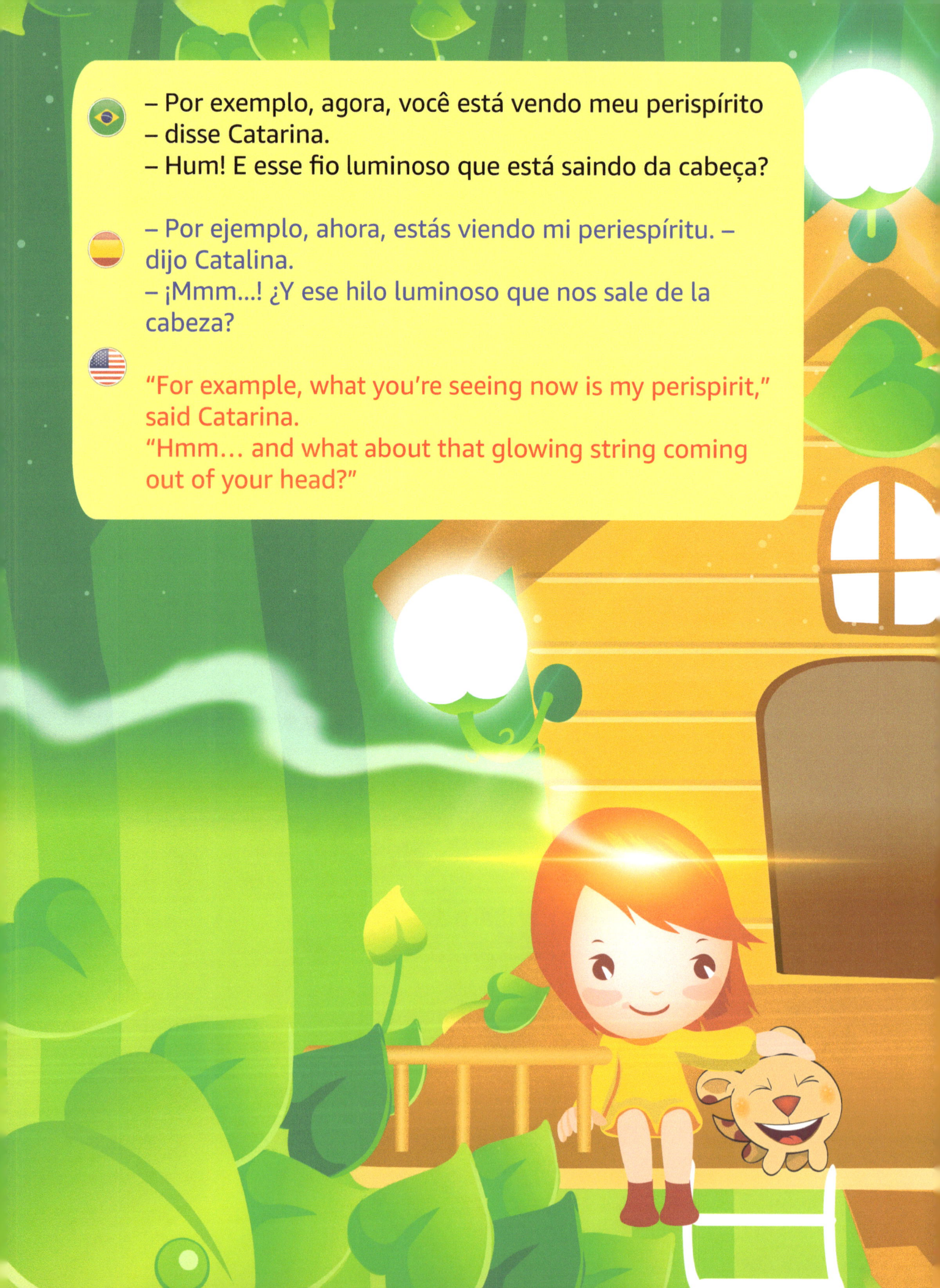

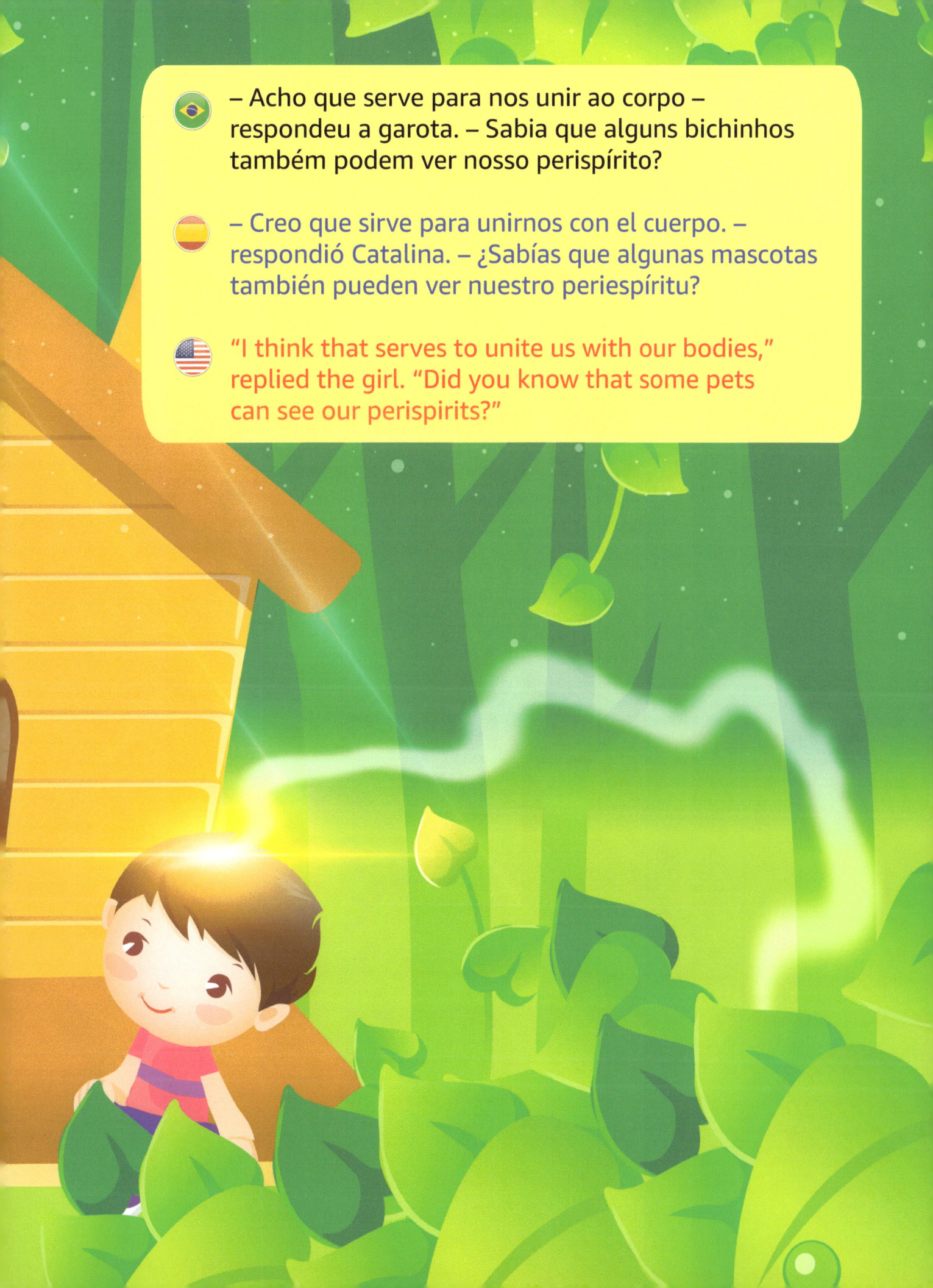

🇧🇷 – Acho que serve para nos unir ao corpo – respondeu a garota. – Sabia que alguns bichinhos também podem ver nosso perispírito?

🇪🇸 – Creo que sirve para unirnos con el cuerpo. – respondió Catalina. – ¿Sabías que algunas mascotas también pueden ver nuestro periespíritu?

🇺🇸 "I think that serves to unite us with our bodies," replied the girl. "Did you know that some pets can see our perispirits?"

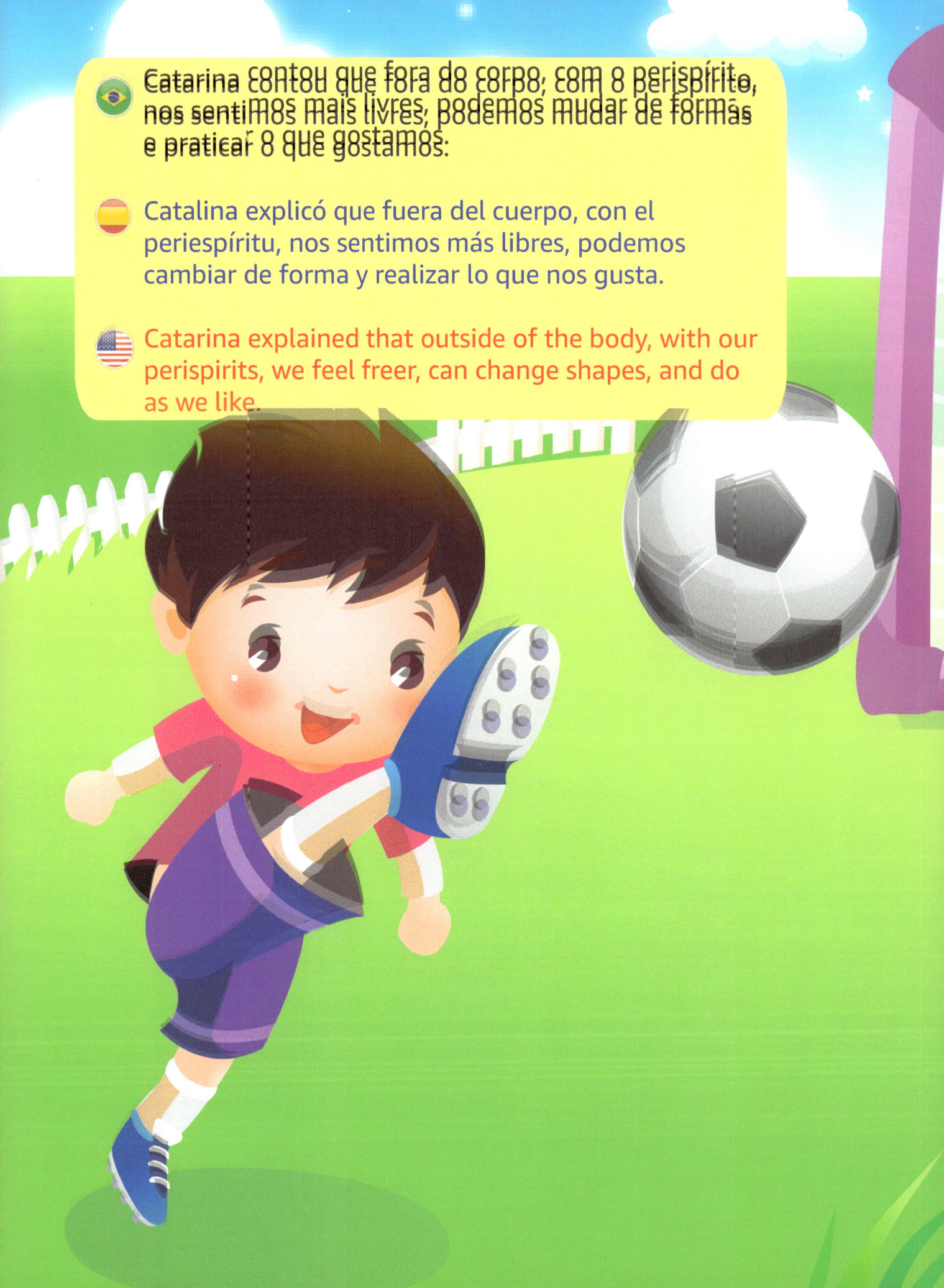

🇧🇷 Catarina contou que fora do corpo, com o perispírito, nos sentimos mais livres, podemos mudar de formas e praticar o que gostamos.

🇪🇸 Catalina explicó que fuera del cuerpo, con el periespíritu, nos sentimos más libres, podemos cambiar de forma y realizar lo que nos gusta.

🇺🇸 Catarina explained that outside of the body, with our perispirits, we feel freer, can change shapes, and do as we like.

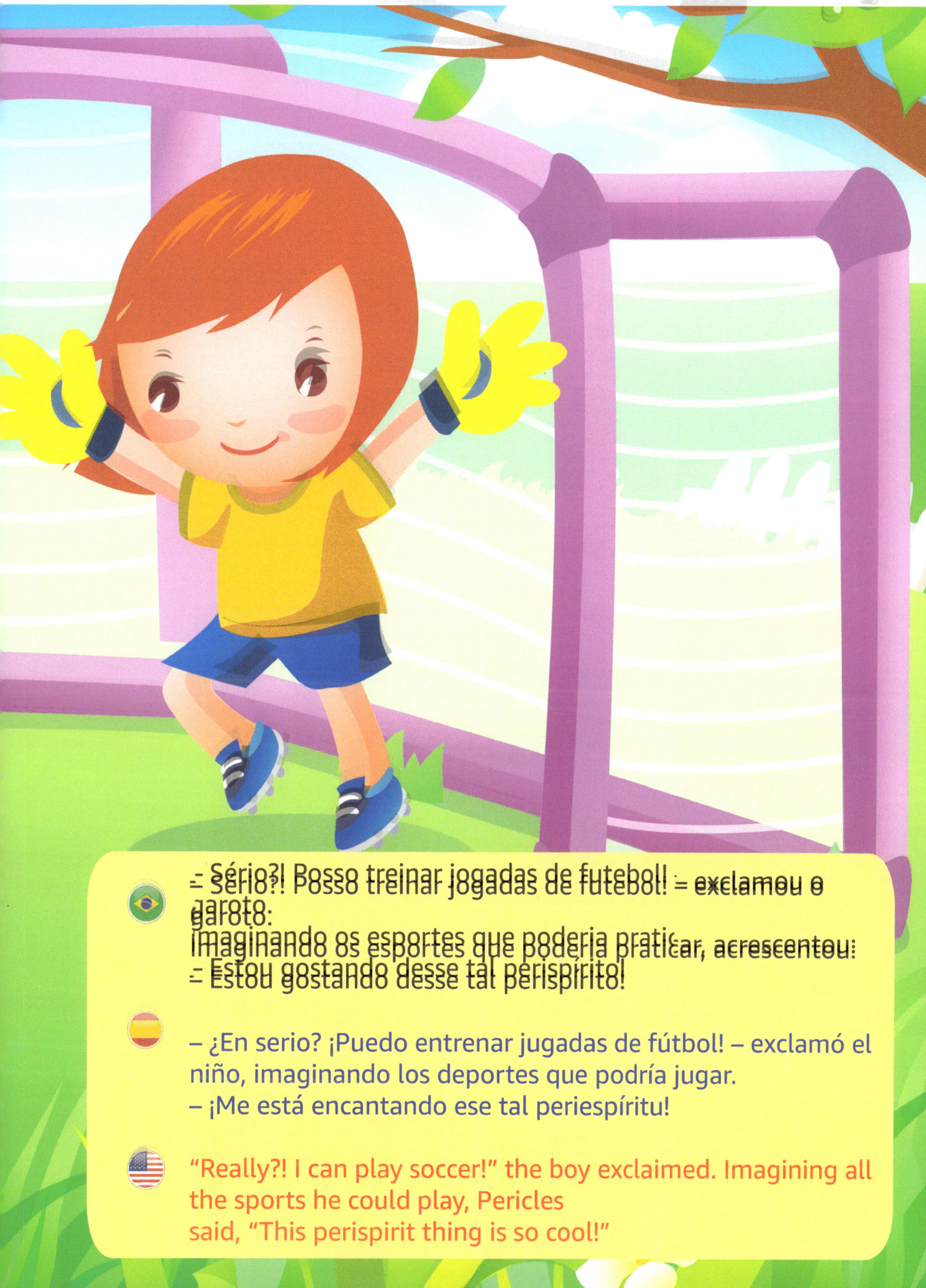

🇧🇷 – Sério?! Posso treinar jogadas de futebol! – exclamou o garoto, imaginando os esportes que poderia praticar, acrescentou:
– Estou gostando desse tal perispírito!

🇪🇸 – ¿En serio? ¡Puedo entrenar jugadas de fútbol! – exclamó el niño, imaginando los deportes que podría jugar.
– ¡Me está encantando ese tal periespíritu!

🇺🇸 "Really?! I can play soccer!" the boy exclaimed. Imagining all the sports he could play, Pericles said, "This perispirit thing is so cool!"

Após tanta informação, Péricles perguntou:
– Você mora onde, Catarina?
– Minha família se mudou há pouco para esta cidade e, amanhã, será meu primeiro dia de aula numa escola nova.
– Você também estava com medo?
– Sim! Um pouco... – confirmou a garota.
– Talvez seja por isso que estejamos sonhando juntos e...

 Después de tanta información, Pericles preguntó:
– ¿Donde vives Catalina?
– Mi familia se mudó hace poco a esta ciudad, y mañana será mi primer día de clases, en un nuevo colegio.
– ¿Tú también estabas con un poco de miedo?
– ¡Sí! Un poco... – confirmó la niña.
– Tal vez por eso estamos soñando juntos y...

 After learning so much, Pericles asked, "Where do you live, Catarina?"
"My family just moved to this city and tomorrow will be my first day of class at a new school."
"Are you scared, too?"
"Yes! A little..." the girl confirmed.
"Maybe that's why we're dreaming together, and..."

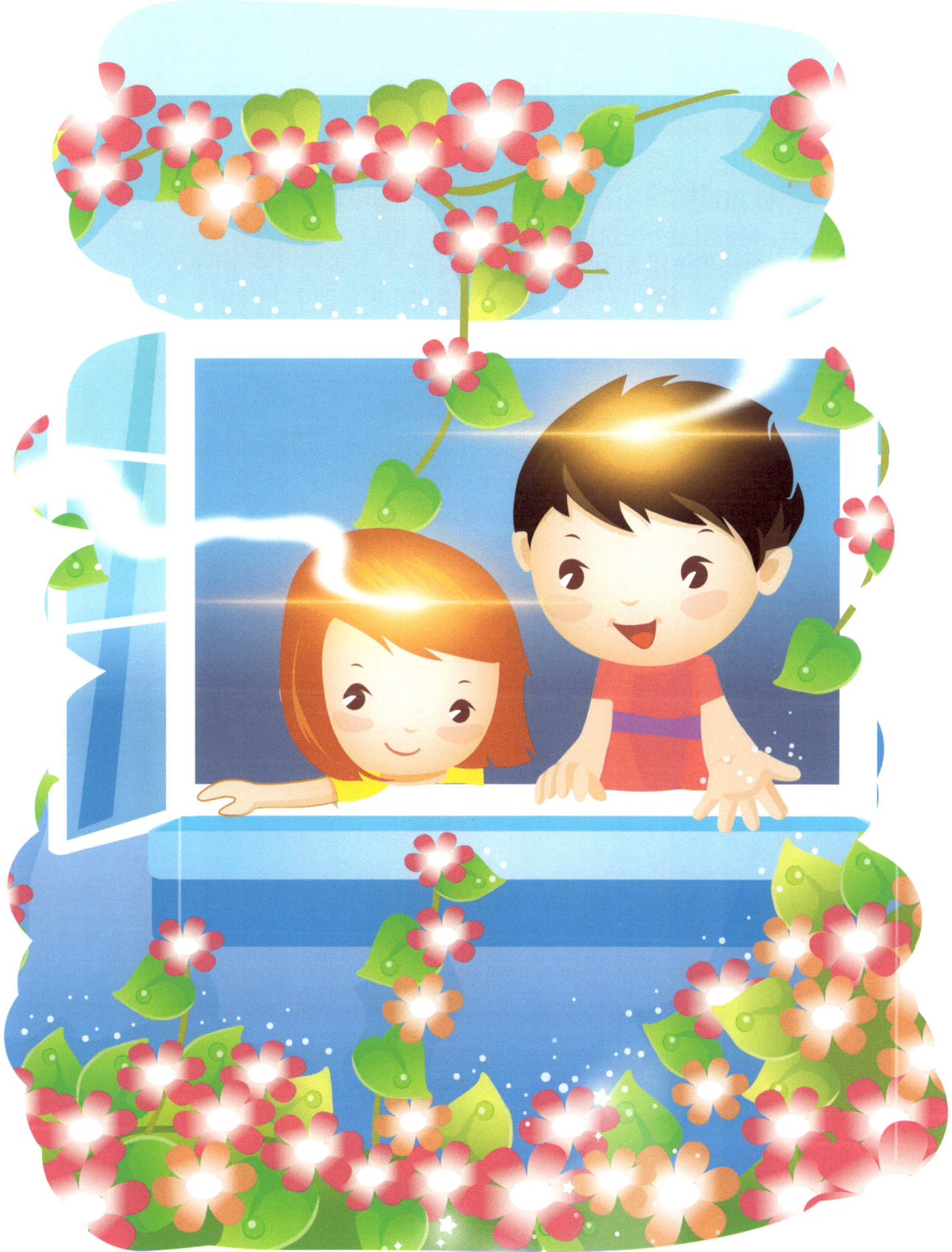

Enquanto o garoto falava, ouviu a voz da mãe, que o acordava:
– Filho, já está na hora de ir à escola!
– O quê? – disse Péricles, ainda sonolento:
– Estava tendo um sonho em que eu voava e...
– Depois você me conta, menino. Agora, levante para não se atrasar em seu primeiro dia de aula.
– interrompeu dona Ana.

Mientras hablaba, oyó la voz de su madre que lo despertaba:
– ¡Hijo, es hora de ir al colegio!
– ¿Qué? – respondió Pericles, aún medio dormido.
– Estaba teniendo un sueño, en que volaba y...
– Después me cuentas. Ahora levántate para no llegar tarde el primer día de clases. – interrumpió su mamá.

As the boy spoke, he heard his mother's voice waking him up.
"Son, it's time to go to school!"
"What?" replied Pericles sleepily. "I dreamt I was flying, and…"
"You can tell me later, son. Now, it's time to get up so you aren't late on your first day of school," interrupted Mrs. Ana.

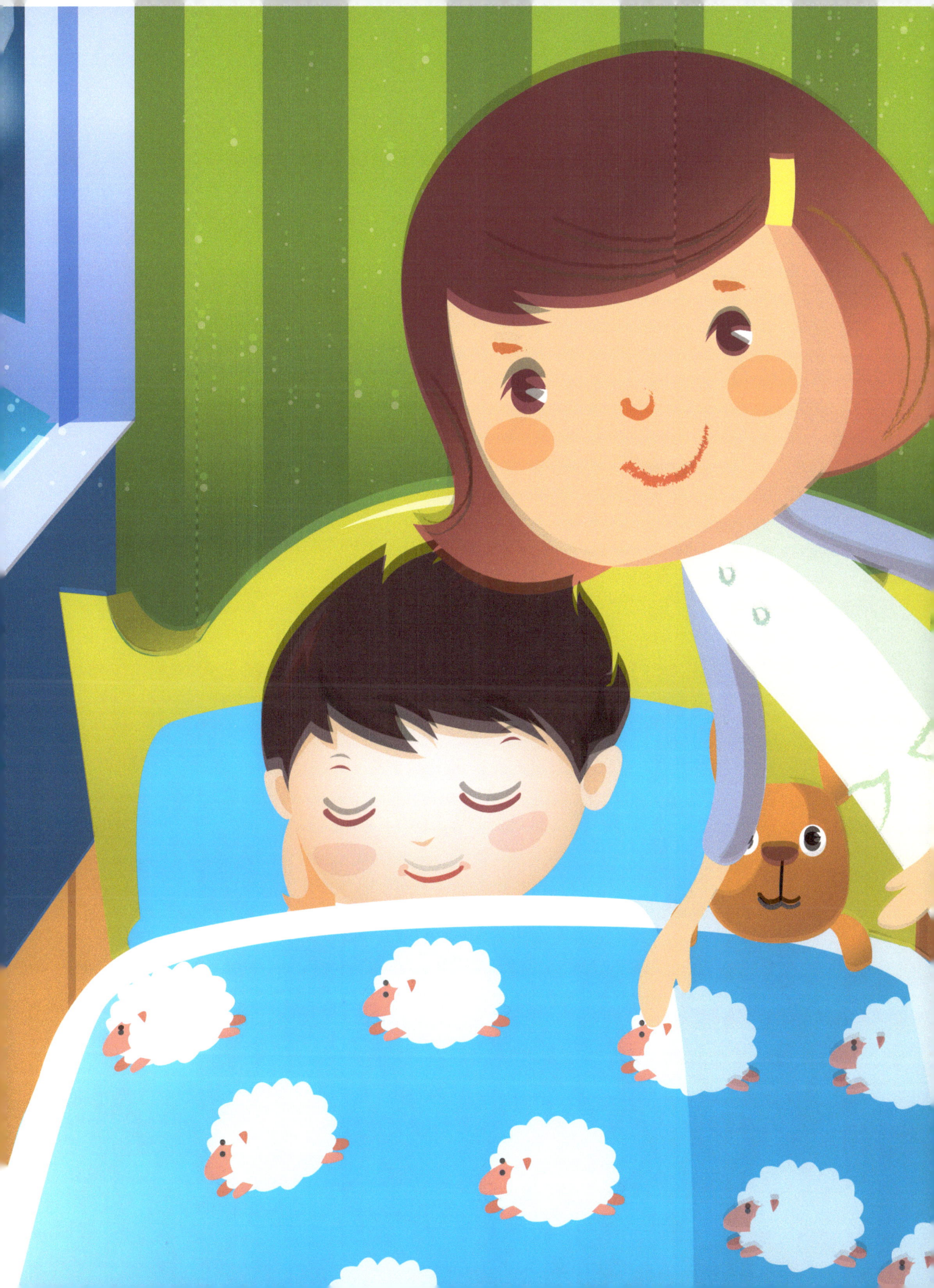

🇧🇷 O primeiro dia na escola foi maravilhoso. Péricles fez novos amigos e teve uma enorme surpresa. Na sua sala, também havia uma aluna nova. Era a Catarina, a menina que tinha encontrado durante o sonho na noite anterior!

🇪🇸 El primer día en el colegio, ¡fue maravilloso! Pericles hizo nuevos amigos y se llevó una gran sorpresa. En su salón también había una nueva alumna. ¡Era Catalina, la niña que había conocido en su sueño, la noche anterior!

🇺🇸 The first day of school was marvelous. Pericles made new friends and had an enormous surprise.
There was a new student in his class: Catarina, the girl he had met in his dream the night before!

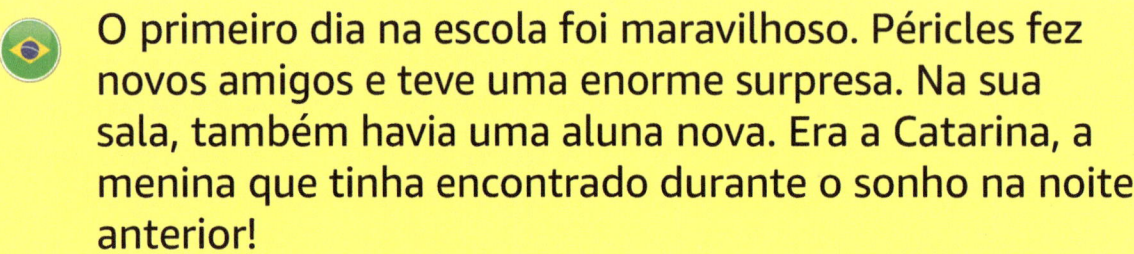

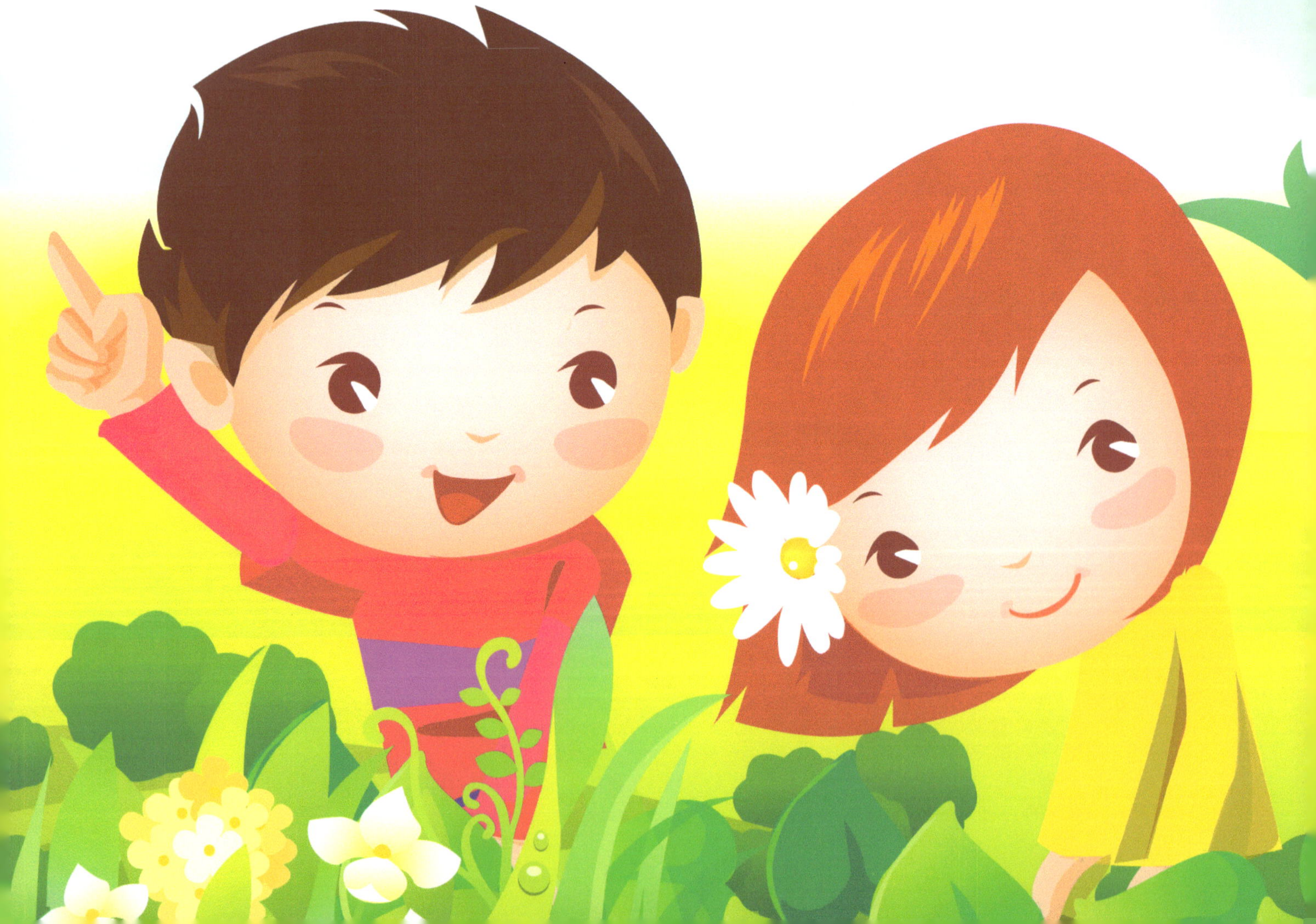

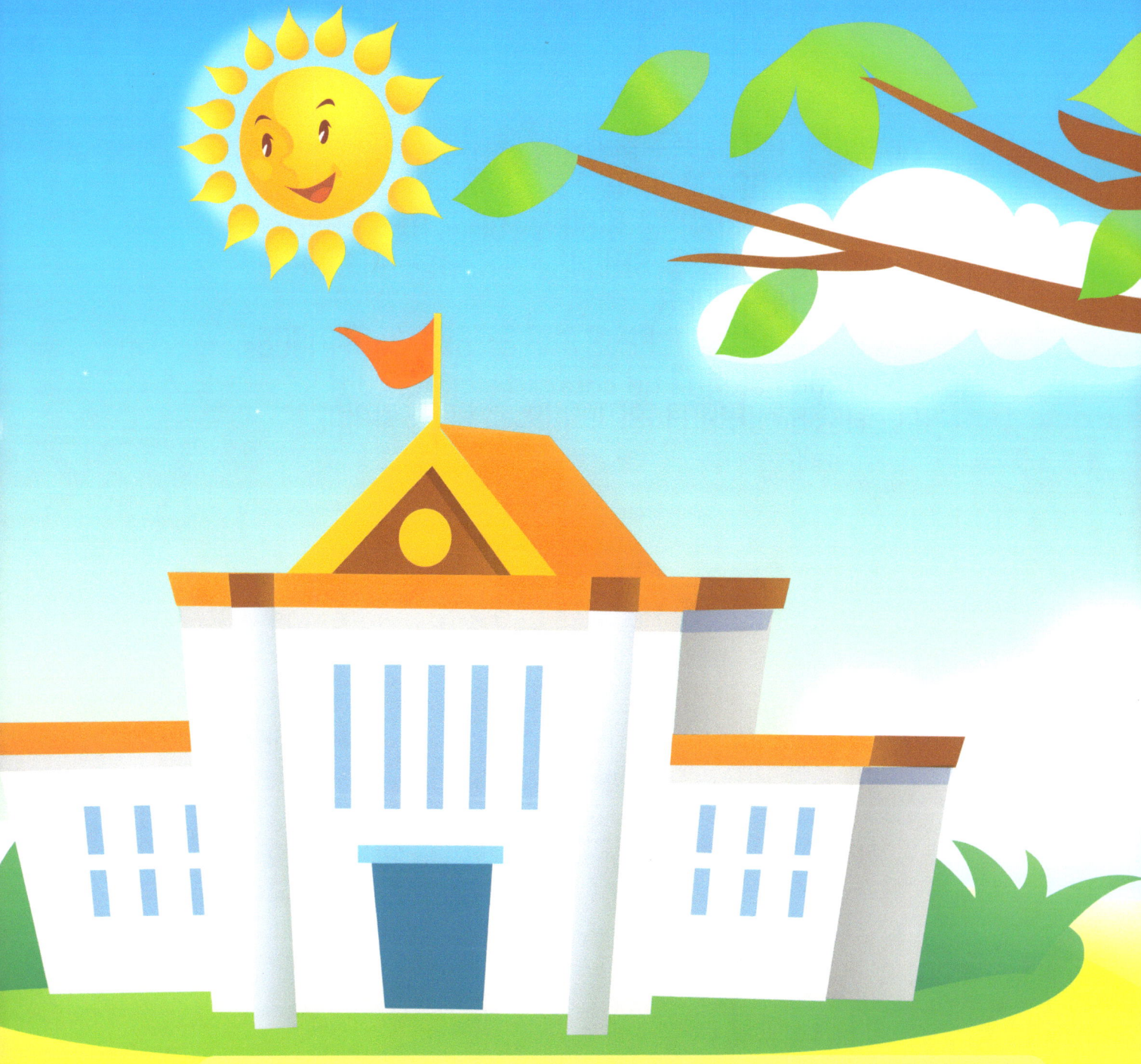

🇧🇷 Na saída, a garota aproximou-se dele e falou:
– Oi, "Peri"! Acho que agora sim vamos ser bons amigos.

🇪🇸 A la salida, niña se acercó de él y dijo:
– ¡Hola "Peri"! Creo que ahora sí seremos buenos amigos.

🇺🇸 After class, the girl approached him and said, "Hi Peri! I think we'll be great friends."

🇧🇷 Ao voltar para casa, Péricles contou à mãe que tinha feito novos amigos e aprendido uma lição:
— Podemos aprender muitas coisas na escola quando estamos acordados, e outras quando estamos dormindo.
Assim, iniciou-se o novo ano escolar, sem medos, com muita alegria no coração e claro, com Péricles e Catarina tornando-se bons amigos.

🇪🇸 Al regresar a casa, Pericles dijo a su madre que tenía nuevos amigos y que había aprendido una lección:
— Podemos aprender muchas cosas en el colegio cuando estamos despiertos, y otras cuando estamos dormidos.
Y así, el nuevo año escolar comenzó, sin miedos, con mucha alegría en el corazón, y por supuesto, Pericles y Catalina se hicieron buenos amigos.

 Upon returning home, Pericles told his mother that he had made new friends and learned a valuable lesson: "We can learn many things at school when we're awake, and others when we're asleep at home."
And so, the new school year began and Pericles and Catarina became great friends. They weren't scared anymore, and their hearts were full of joy.

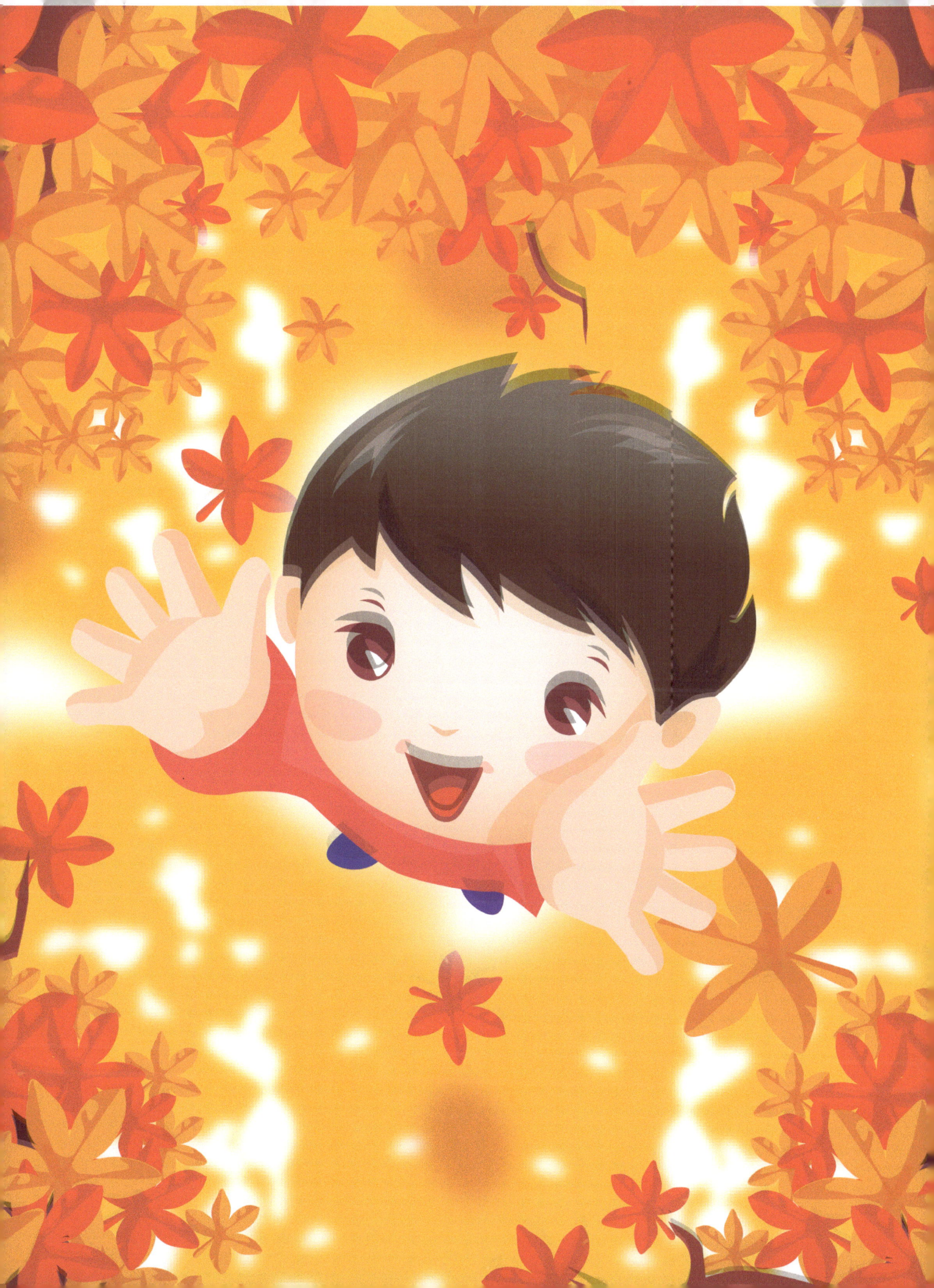

Glossário
Prece: pensamentos e palavras expressos com o coração para entrar em contato com Deus.
Corpo físico: corpo material que o Espírito utiliza.
Espírito: princípio inteligente no Universo.
Perispírito: corpo espiritual, intermediário entre Espírito e corpo físico.
Sonho: lembranças do que vivemos fora do corpo físico quando dormimos.
Pericarpo: parte da fruta que envolve a semente.

Glosario
Oración: pensamientos y palabras hechas con el corazón para ponerse en contacto con Dios.
Cuerpo físico: cuerpo material que el Espíritu utiliza.
Espíritu: principio inteligente del universo.
Periespíritu: cuerpo espiritual, intermediario entre el Espíritu y el cuerpo físico.
Sueño: recuerdos de lo que vivimos fuera del cuerpo físico cuando dormimos.
Pericarpio: parte de la fruta que envuelve a la semilla.

Glossary
Prayer: Thoughts and words made from the heart to get in touch with God.
Physical body: material body that the Spirit uses.
Spirit: intelligent principle of the Universe.
Perispirit: spiritual body, the link between the Spirit and the physical body.
Dream: memories of what we experience outside the physical body when we sleep.
Pericarp: part of the fruit that surrounds the seed.

Mais informações sobre perispírito em:
1. KARDEC, Allan. *O Livro dos Espíritos*. Introdução, item 6.
2. KARDEC, Allan. *O Livro dos Espíritos*. Questões 93-95, 135.
3. KARDEC, Allan. *O Livro dos Médiuns*. Primeira parte, cap. 1, item 55.

Más informaciones sobre periespíritu en:
1. KARDEC, Allan. *El Libro de los Espíritus*. Introducción, ítem 6.
2. KARDEC, Allan. *El Libro de los Espíritus*. Preguntas 93-95, 135.
3. KARDEC, Allan. *El Libro de los Médiums*. Primera parte, cap. 1, artículo 55.

More information about perispirit:
1. KARDEC, Allan. *The Spirits' Book*. Introduction, item 6.
2. KARDEC, Allan. *The Spirits' Book*. Questions 93-95, 135.
3. KARDEC, Allan. *The Mediums' Book*. First part, ch. 1, item 55.

Mais informações sobre o autor:
Más informaciones sobre el autor:
More information about the author:

www.luishu.com

Dados Internacionais de Catalogação na Publicação (CIP)
(Câmara Brasileira do Livro, SP, Brasil)

Hu Rivas, Luis
   Kit Evangelho / Luis Hu Rivas. -- Brasília, DF : Hu Producoes, 2020.

ISBN: 978-65-990675-0-1

1. Evangelho - Literatura infantojuvenil
2. Literatura infantojuvenil I. Rivas, Luis Hu. II. Título.

CDD-028.5

Índices para catálogo sistemático:

1. Evangelho : Literatura infantil   028.5
2. Evangelho : Literatura infantojuvenil   028.5

Revisão ao espanhol: Sonia Rivas
Tradução ao inglês: Jussara Korngold
Revisão ao inglês: Lucas Almendra

HU PRODUCOES
TODOS OS DIREITOS RESERVADOS.

IMPRESSO NO BRASIL

EVANGELHO NO LAR

Evangelho no Lar é a reunião da família, em dia e hora marcados, para o estudo do Evangelho e a oração em grupo.

Campanha Evangelho no Lar
Campana Evangelio en el Hogar
Gospel at Home Campaign

EVANGELIO EN EL HOGAR

El Evangelio en el hogar es una reunión familiar programada para el estudio del Evangelio y la oración en grupo.

GOSPEL AT HOME

Gospel at Home is a family meeting at a scheduled day and time, for gospel study and prayer in group.

Vamos fazer brilhar a nossa luz, deixando o Evangelho entrar em nossos corações.

Permitamos que brille nuestra luz, dejando que el Evangelio entre en nuestros corazones.

Let our light shine by letting the Gospel into our hearts.

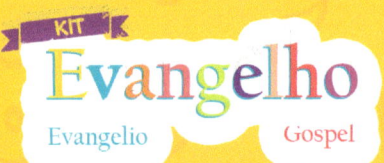

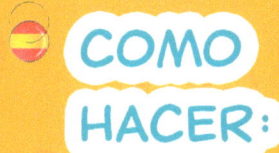 ## COMO FAZER: 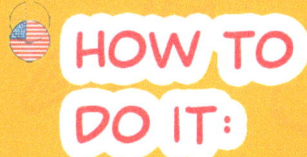 ## COMO HACER: ## HOW TO DO IT:

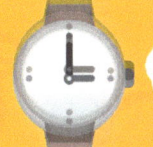

1 HORÁRIO
ESCOLHA UM DIA E UMA HORA DA SEMANA.

1 HORARIO
ELIJA UN DÍA Y UN MOMENTO DE LA SEMANA.

1 SCHEDULE
CHOOSE A DAY AND A TIME OF WEEK.

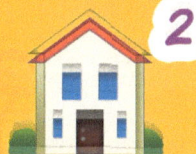

2 FAMÍLIA
REÚNA OS FAMILIARES E AMIGOS QUE ESTEJAM PRESENTES EM UM LOCAL DA CASA.

2 FAMILIA
REÚNA A FAMILIARES Y AMIGOS QUE ESTÉN PRESENTES EN UN LUGAR DE LA CASA.

2 FAMILY
GATHER FAMILY MEMBERS AND FRIENDS WHO ARE PRESENT AT A PLACE IN THE HOUSE.

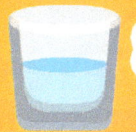

3 ÁGUA
COLOQUE UM PEQUENO COPO COM ÁGUA PARA SER FLUIDIFICADA.

3 AGUA
PONGA UN VASO PEQUEÑO DE AGUA PARA FLUIDIFICAR.

3 WATER
HAVE SMALL GLASSES OF WATER TO BE MAGNETIZED.

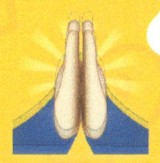

4 PRECE INICIAL
INICIE COM UMA PRECE BREVE, SIMPLES E DE CORAÇÃO.

4 ORACIÓN INICIAL
COMIENCE CON UNA ORACIÓN CORTA, SIMPLE Y SINCERA.

4 INITIAL PRAYER
BEGIN WITH A SHORT, SIMPLE AND HEARTFELT PRAYER.

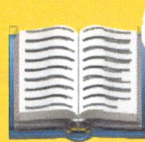

5 LEITURA
LEIA UM TRECHO DO LIVRO O EVANGELHO SEGUNDO O ESPIRITISMO, OU OUTRO COM ENSINAMENTOS DO BEM, E COMENTE O ASSUNTO.

5 LECTURA
LEA UN EXTRACTO DE EL EVANGELIO SEGÚN EL ESPIRITISMO, U OTRO CON BUENAS ENSEÑANZAS, Y COMÉNTELO.

5 READING
READ AN EXCERPT FROM THE GOSPEL ACCORDING TO SPIRITISM OR ANOTHER BOOK WITH GOOD MESSAGES AND MAKE COMMENTS ON IT.

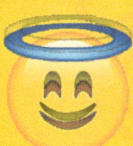

6 PRECE FINAL
FAÇA A ORAÇÃO FINAL, PEDINDO PROTEÇÃO PARA O LAR. TAMBÉM AGRADEÇA A DEUS, A JESUS E AOS AMIGOS ESPIRITUAIS PELA COMPANHIA.

6 ORACIÓN FINAL
HAZ LA ORACIÓN FINAL PIDIENDO PROTECCIÓN PARA EL HOGAR. TAMBIÉN AGRADEZCA A DIOS, A JESÚS Y A SUS AMIGOS ESPIRITUALES POR SU COMPAÑÍA.

6 FINAL PRAYER
SAY THE FINAL PRAYER ASKING FOR PROTECTION FOR THE HOME. ALSO THANK GOD, JESUS AND THE SPIRITUAL FRIENDS FOR THEIR ASSISTANCE.

WWW.KITEVANGELHO.COM

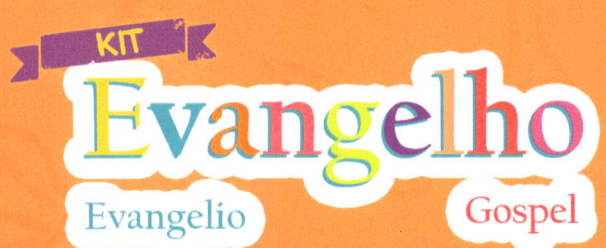

Evangelho
Evangelio — Gospel

Copie o desenho - Copia el dibujo - Copy the picture.

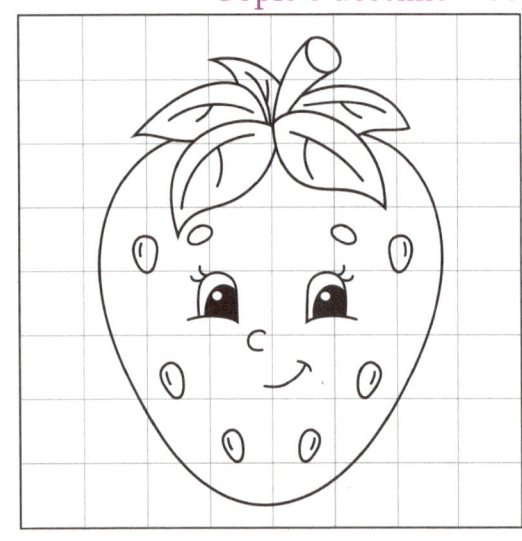
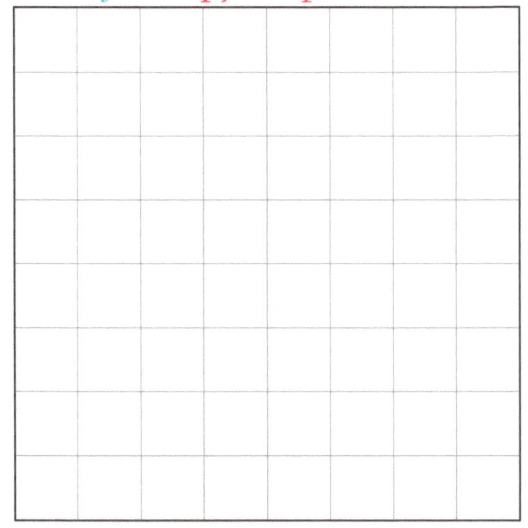

Coloque o número correto.
Pon el número correcto.
Match the correct numbers with the figures.

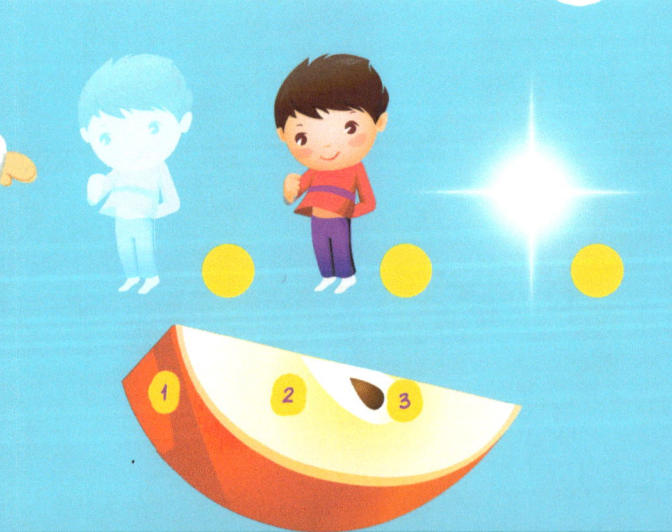

Graças à prece, podemos ter bons sonhos.
Gracias a la oración, podemos tener buenos sueños.
Thanks to prayer, we can have good dreams.

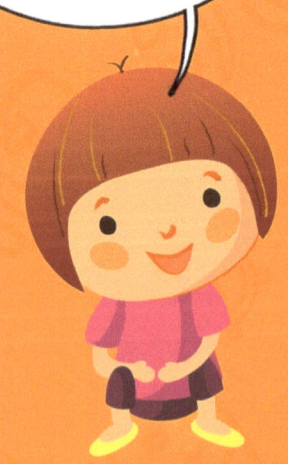

WWW.KITEVANGELHO.COM

Observe os desenhos e encontre as DEZ diferenças existentes entre eles.
Mira los dibujos y encuentre las 10 diferencias entre ellos.
Look at the drawings and find the 10 differences between them.

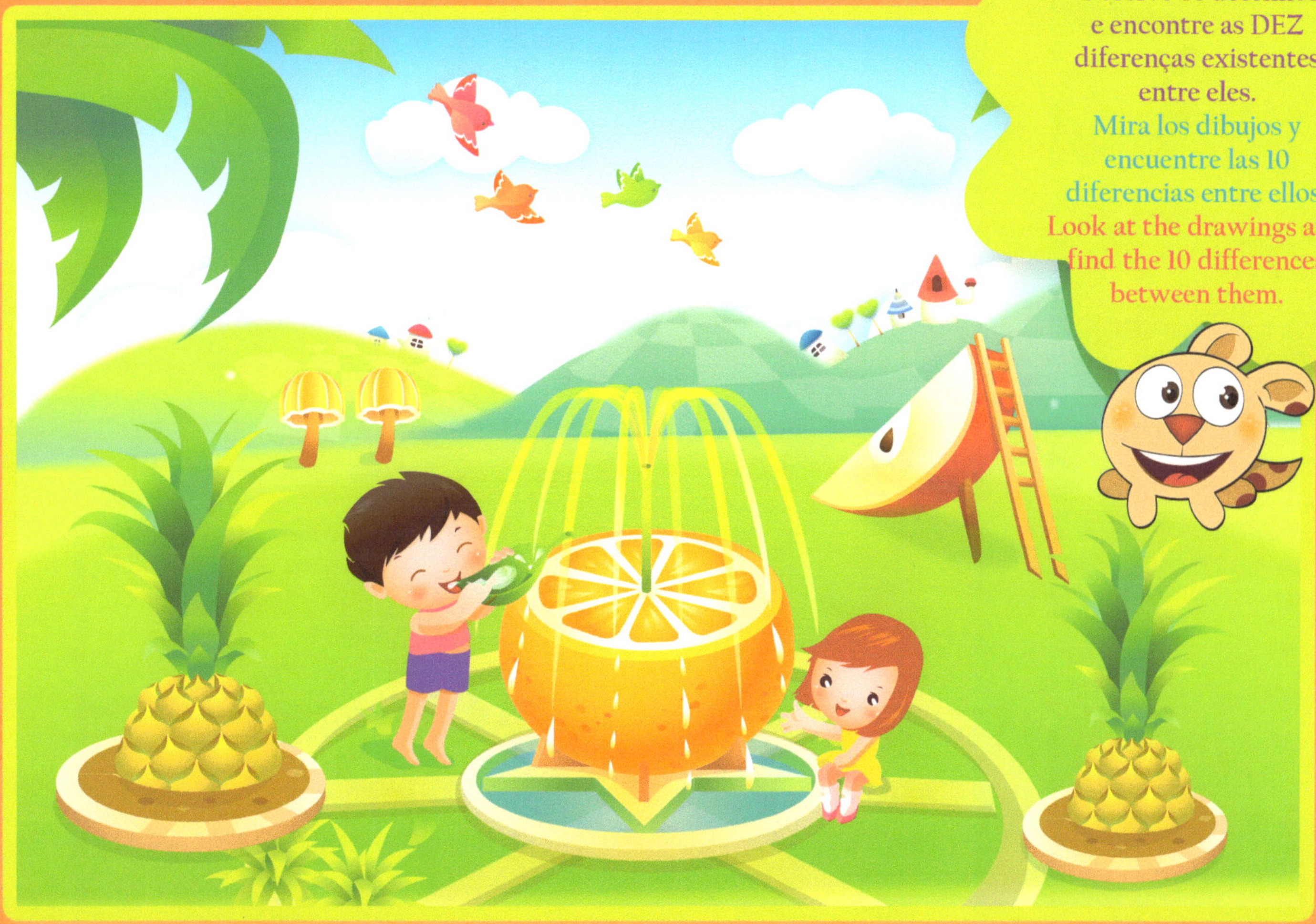

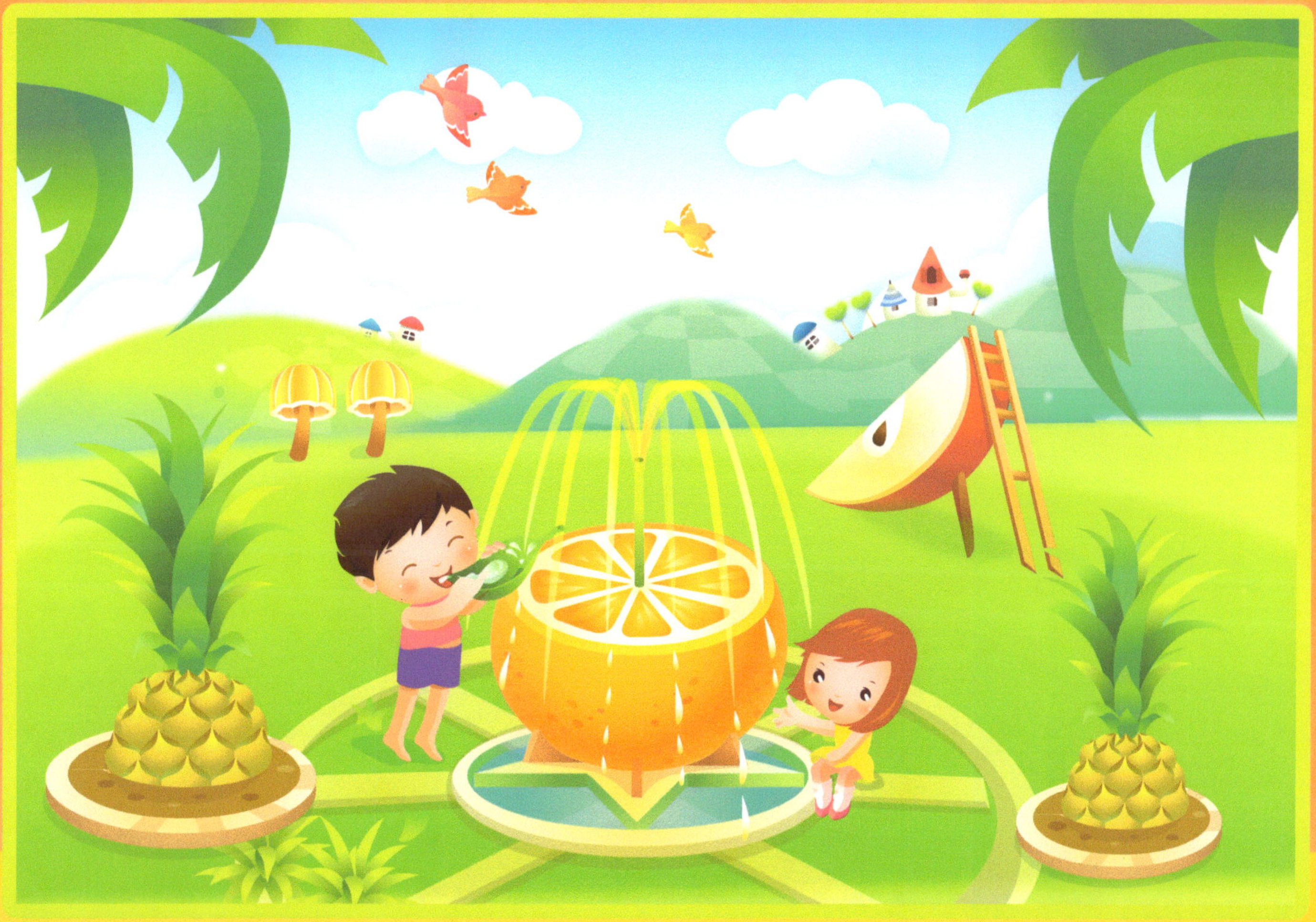

KIT Evangelho
Evangelio · Gospel

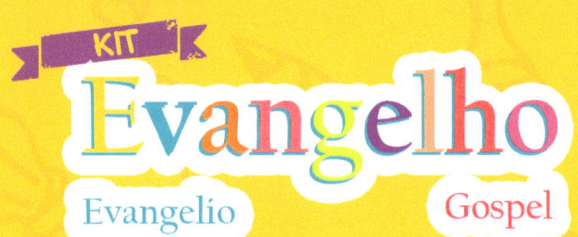

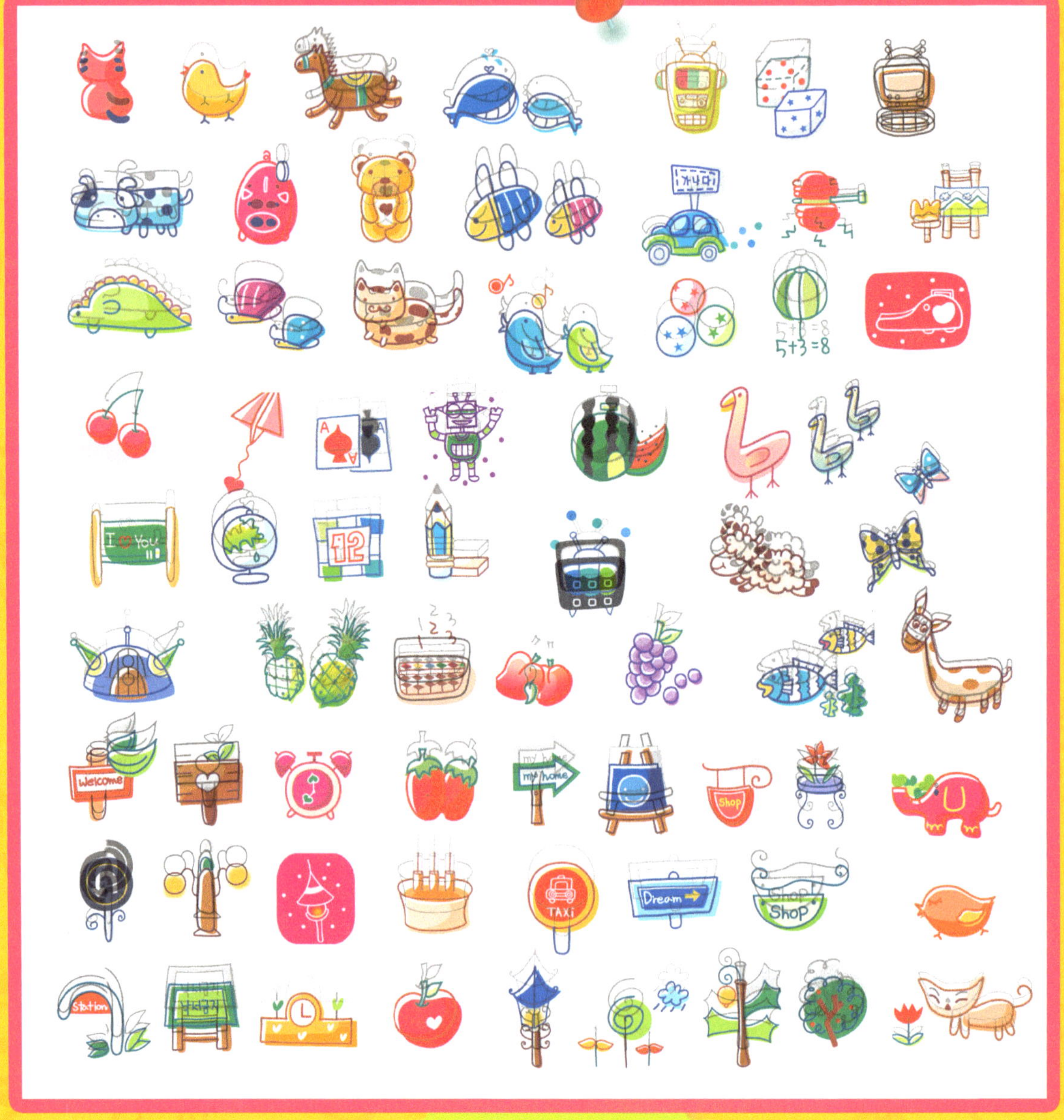

Quantas frutas você consegue achar?
¿Cuántas frutas puedes encontrar?
How many fruits can you find?

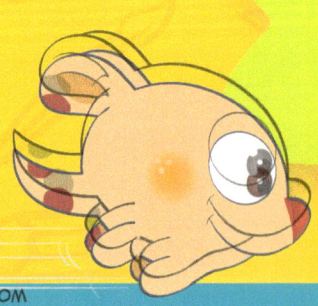

WWW.KITEVANGELHO.COM

Mistura de letras - Sopa de letras - Word scramble

🇧🇷
1. JALANAR
2. AMÃÇ
3. LANCIMEA
4. EGPSOÊS

🇪🇸
1. ARNANAJ
2. ANMAZAN
3. DÍSAAN
4. ZNODRAU

🇺🇸
1. GEANOR
2. PELAP
3. MELTEWONAR
4. CHEPA

Decifre o nome das frutas.

Descifra el nombre de las frutas.

Unscramble the names of these fruits.

Vamos ajudar Péricles a voltar ao seu corpo físico?
¿Ayudamos a Pericles a regresar a su cuerpo físico?
Shall we help Pericles return to his physical body?

Labirinto - Laberinto - Maze

RESPOSTAS: LARANJA - MAÇÃ - MELANCIA - PÊSSEGO
RESPUESTAS: NARANJA - MANZANA - SANDÍA - DURAZNO
ANSWERS: ORANGE - APPLE - WATERMELON - PEACH

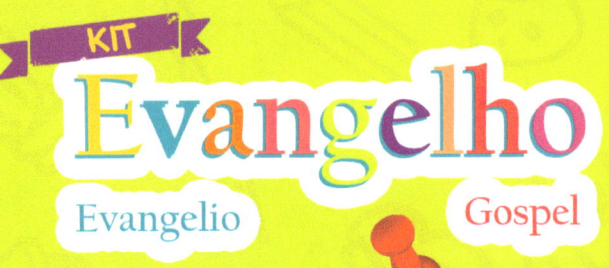

KIT Evangelho
Evangelio — Gospel

As frutas têm três partes, como os seres humanos.
Las frutas tienen tres partes, como los seres humanos
Fruits have three parts, like human beings.

Unir pontos - Una los puntos - Connect the dots

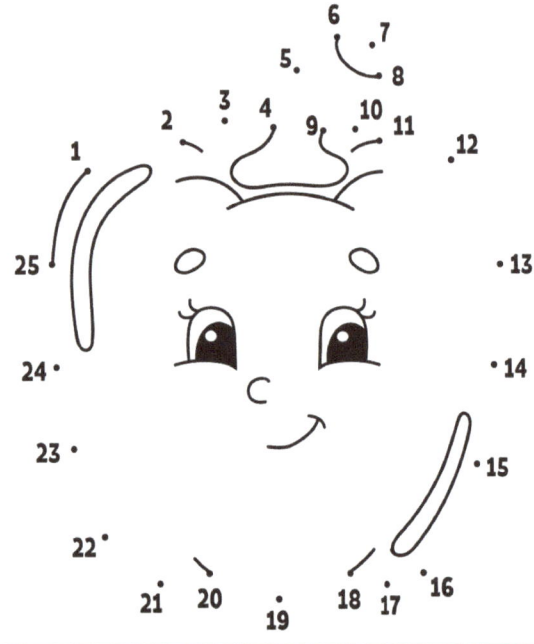

Colorir - Colorear - Color

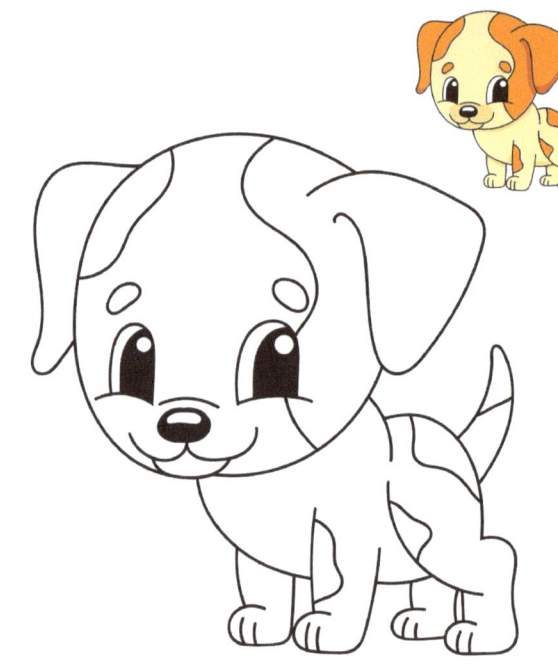

Qual será o nome do amigo de Lupi?
¿Cómo se llama el amigo de Lupi?
What's the name of Lupi's friend?

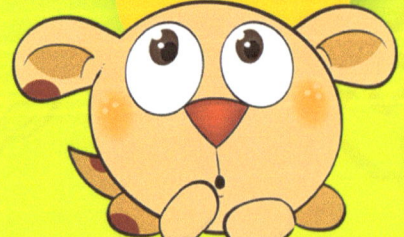

Nome:
Nombre:
Name:

WWW.KITEVANGELHO.COM

Caça-palavras - Pupiletras - Hunting words

```
U T I R I P S E D P E P
M B O A P O F A D E N O
U O T I R I P S I R E P
R D I K E T D A F I M R
N Y R D U U C R D S O O
A M I R C S U I H P R C
R C P O M R E D L I V E
L T S M H O R A A R N P
P E R I E S P I R I T U
E D A N E A O A L T U I
N M O T I R I P S E A P
```

Os seres humanos têm três partes: _____

Los seres humanos tienen 3 partes: _____

Human beings have 3 parts: _____

🇧🇷 CORPO / PERISPÍRITO / ESPÍRITO

🇪🇸 CUERPO / PERIESPÍRITU / ESPÍRITU

🇺🇸 BODY / PERISPIRIT / SPIRIT

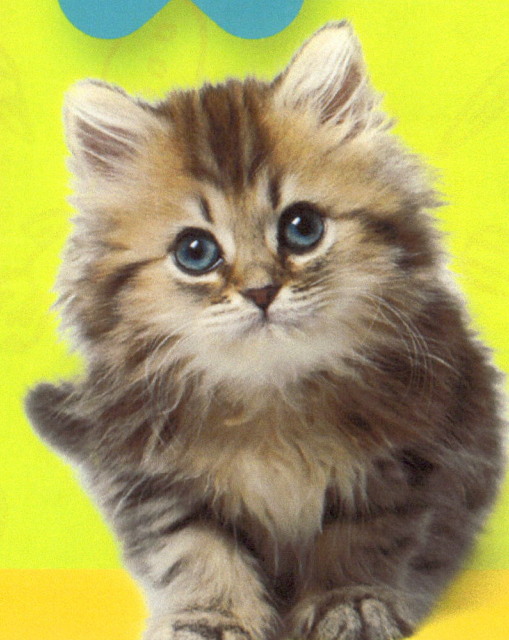

Alguns Espíritos podem se fazer visíveis aos animais.
Algunos Espíritus pueden hacerse visibles para los animales.
Some Spirits can make themselves visible to animals.

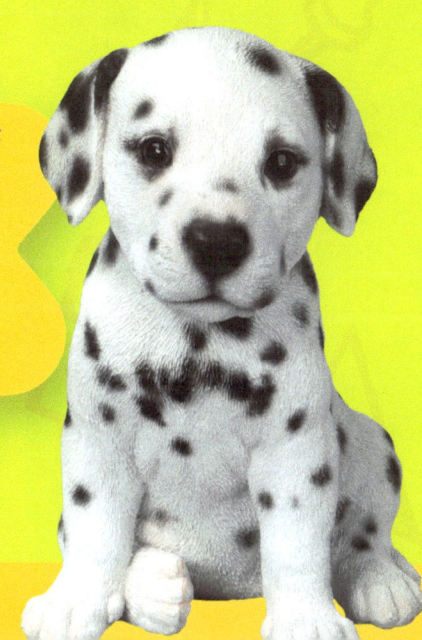

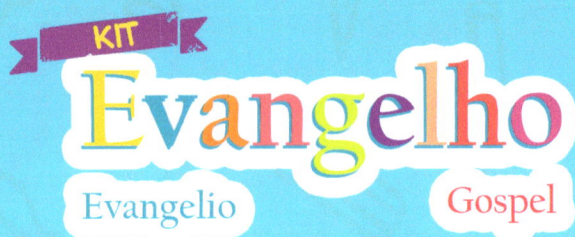

KIT **Evangelho**
Evangelio   Gospel

🇧🇷 Recorte e pendure em sua porta na hora de dormir.
🇪🇸 Corta y cuelga en tu puerta antes de acostarte.
🇺🇸 Cut it out and hang it on your door at bedtime.

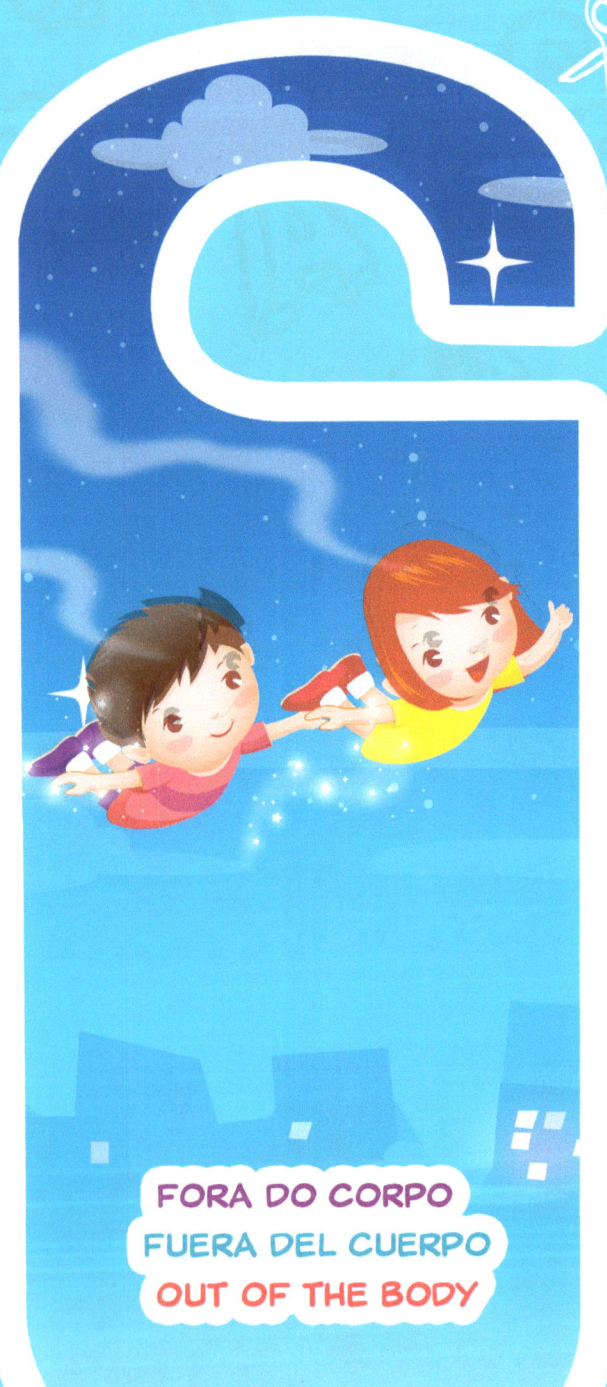

FORA DO CORPO
FUERA DEL CUERPO
OUT OF THE BODY

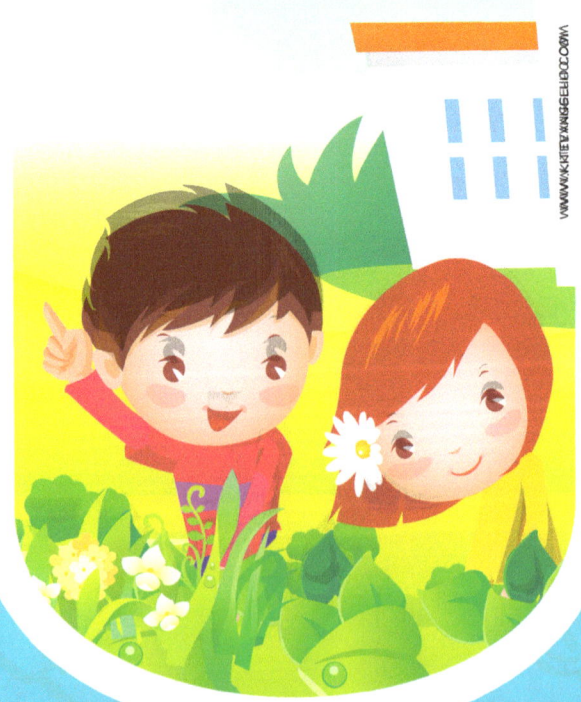

NO CORPO
DENTRO DEL CUERPO
INSIDE THE BODY

WWW.KITEVANGELHO.COM

Crie seu conto sobre perispírito
Crea tu cuento sobre el periespíritu
Create your perispirit tale.

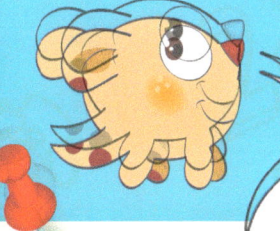

Use sua imaginação e preencha os espaços.
Usa tu imaginación y completa los espacios.
Use your imagination and fill in the blanks.

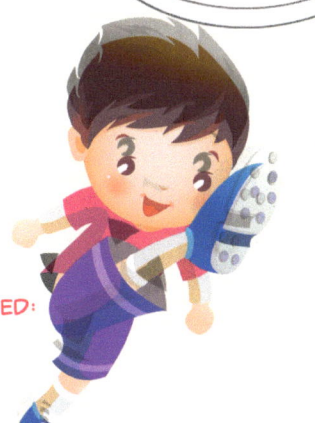

ERA UMA VEZ DUAS CRIANÇAS CUJOS NOMES ERAM:
ERASE UNA VEZ DOS NIÑOS CUYOS NOMBRES ERAN:
ONCE UPON A TIME THERE WERE TWO CHILDREN WHOSE NAMES WERE:

ELES GOSTAVAM DE: A ELLOS LES GUSTABA: THEY LIKED:

UM DIA, PENSARAM EM UNIR SUAS FORÇAS PARA AJUDAR O PLANETA E DISSERAM:
UN DÍA, PENSARON EN UNIR SUS FUERZAS PARA AYUDAR AL PLANETA Y DIJERON:
ONE DAY, THEY THOUGHT OF JOINING THEIR FORCES TO HELP THE PLANET AND SAID:

CONTINUE O CONTO:
CONTINÚA EL CUENTO:
CONTINUE THE TALE:

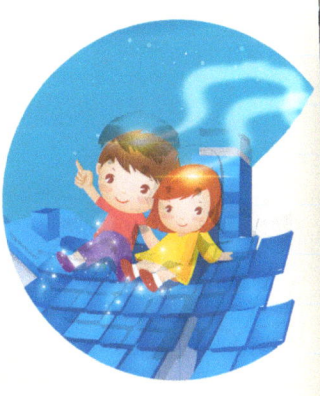

NESSA NOITE, ELES SE ENCONTRARAM FORA DO CORPO E SONHARAM:
ESA NOCHE, SE ENCONTRARON FUERA DEL CUERPO Y SOÑARON:
THAT NIGHT, THEY MET OUT OF THEIR BODIES AND DREAMED:

DESENHE AQUI O SEU FINAL
DIBUJA TU FINAL AQUÍ
DRAW YOUR ENDING HERE

FIM - FIN - THE END

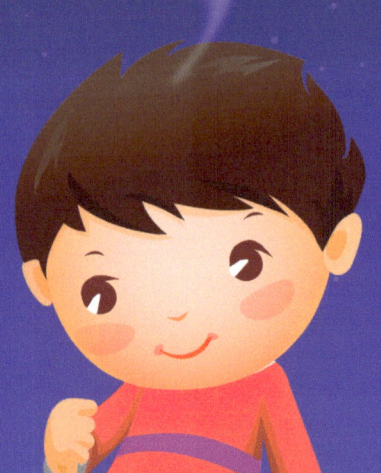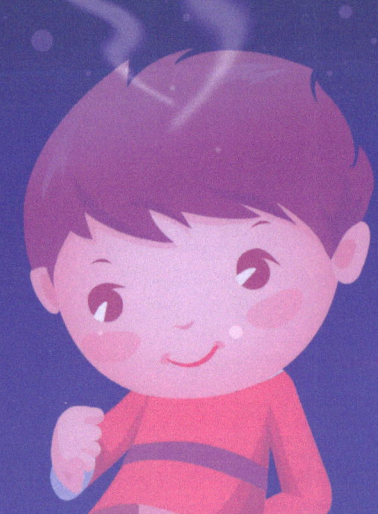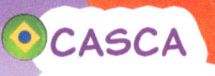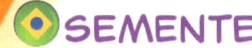

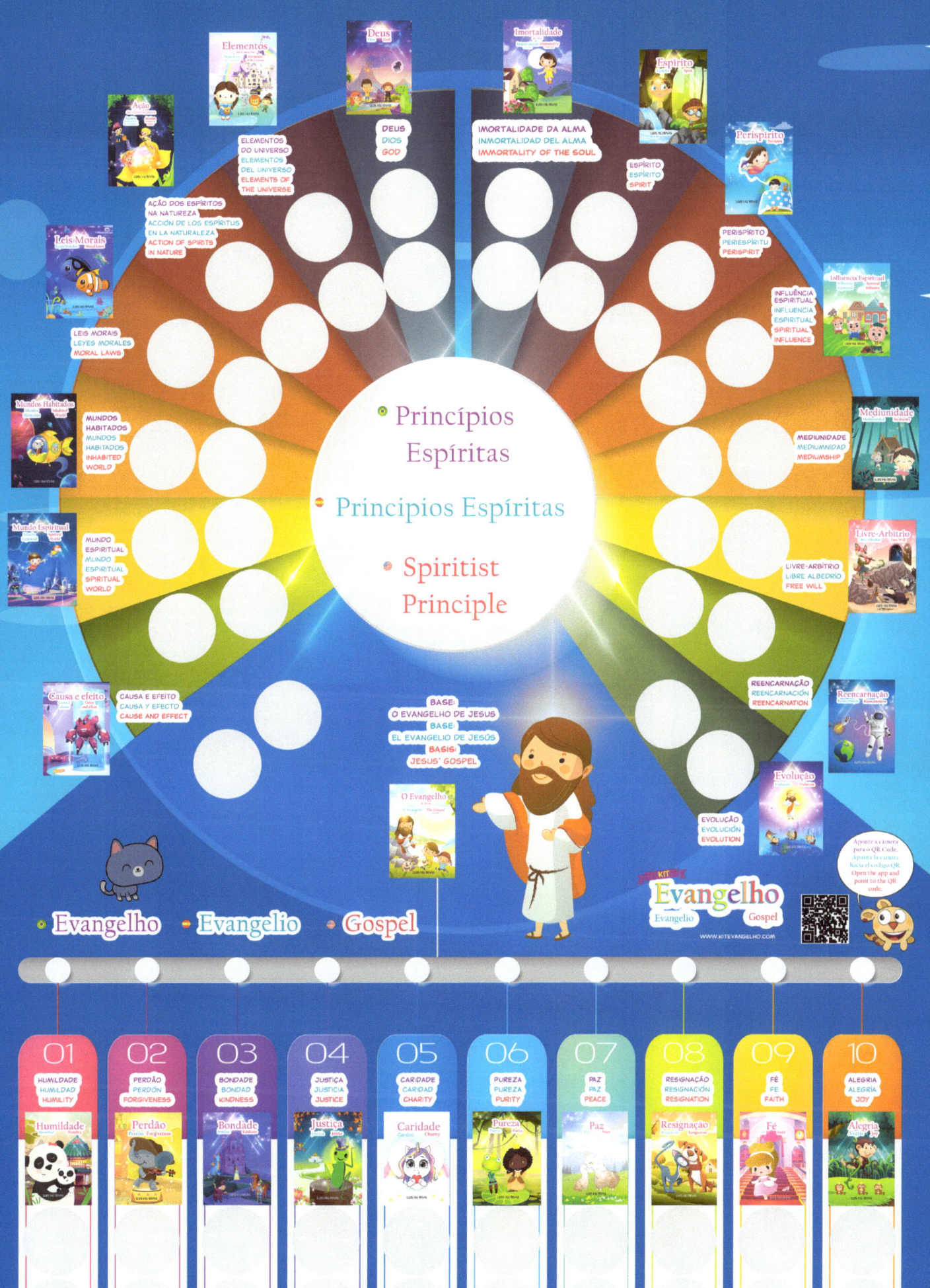

Complete sua coleção · Completa tu colección

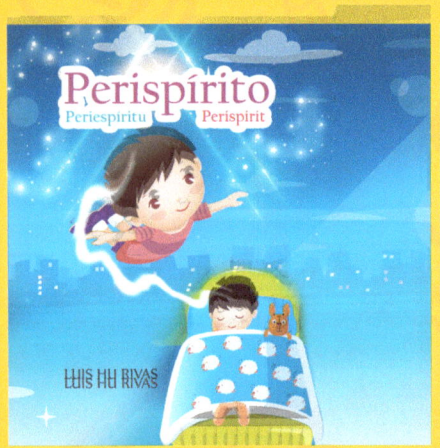 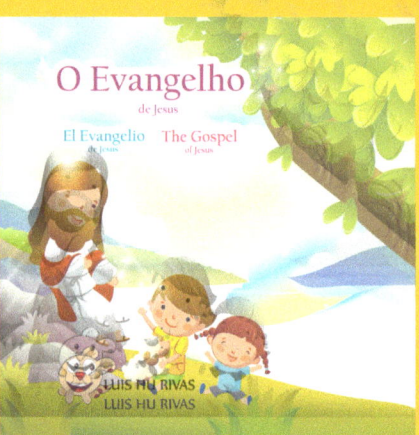 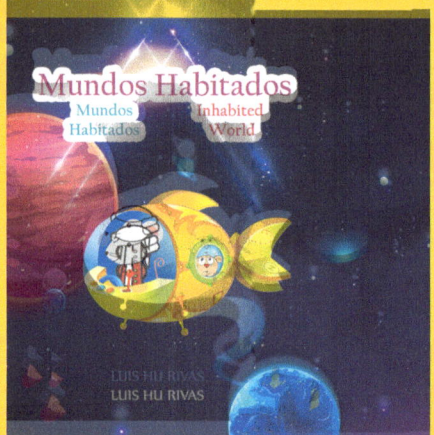 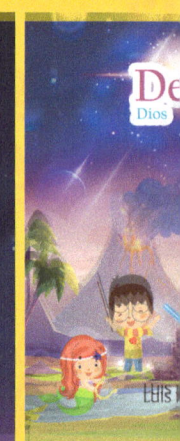
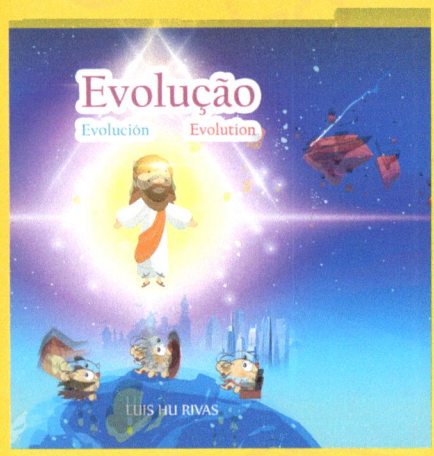 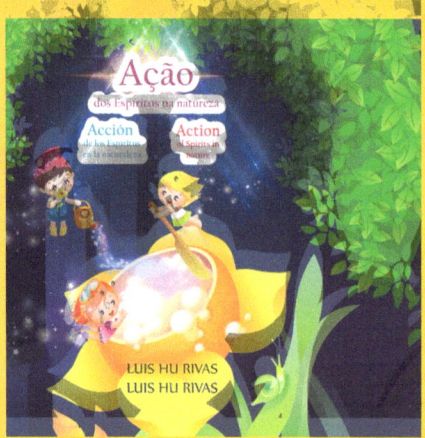 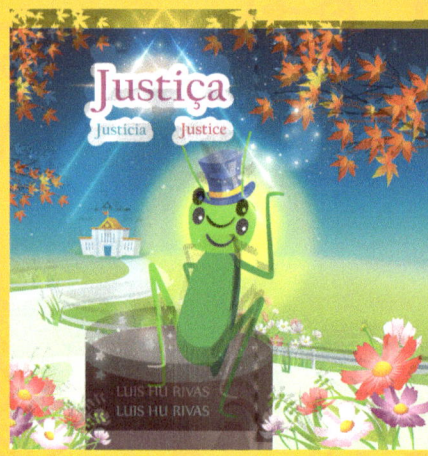 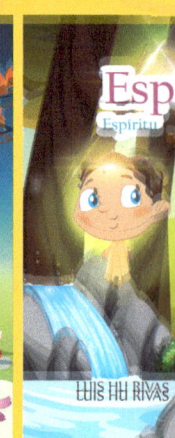
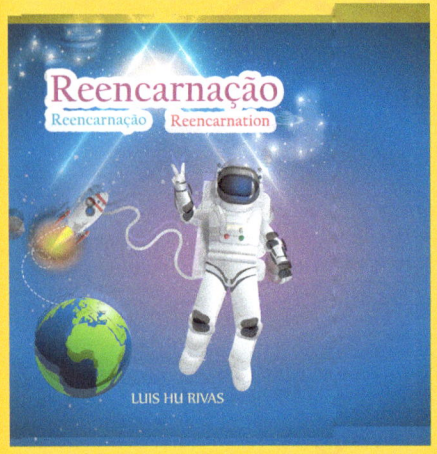 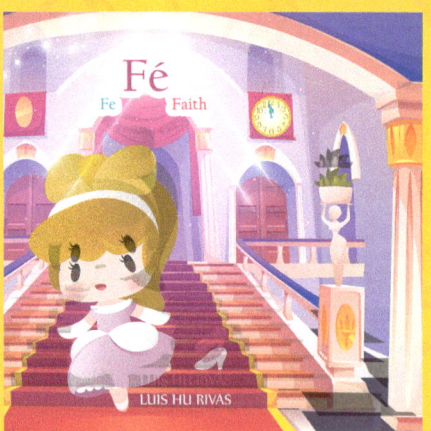 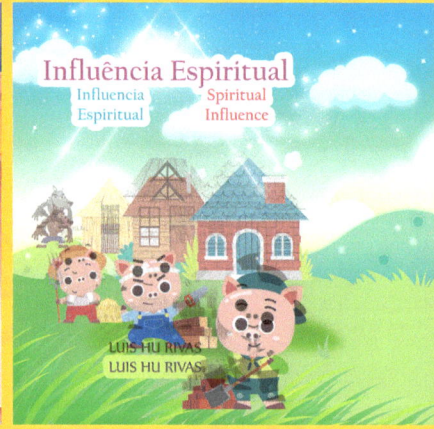 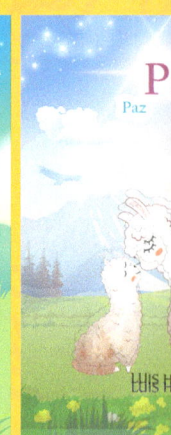
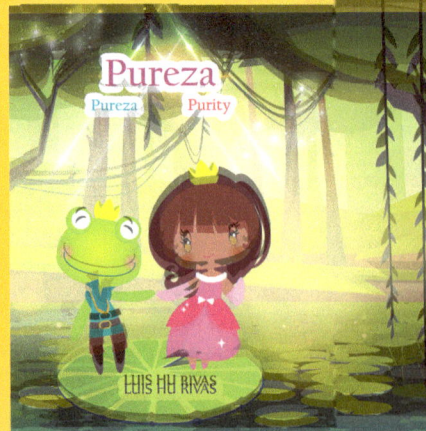 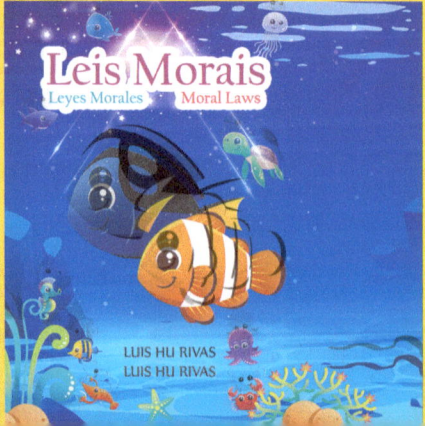 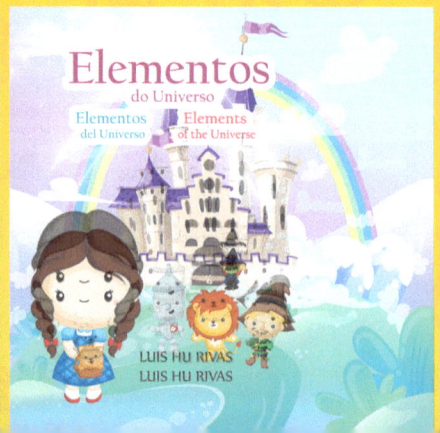 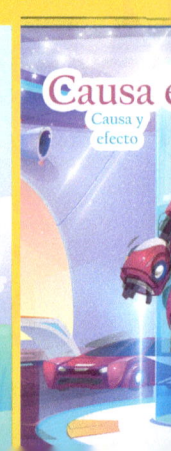

Complete your collection

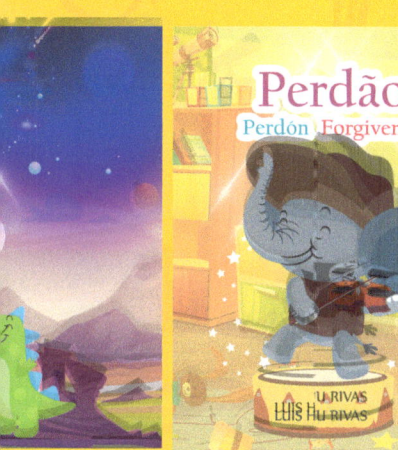
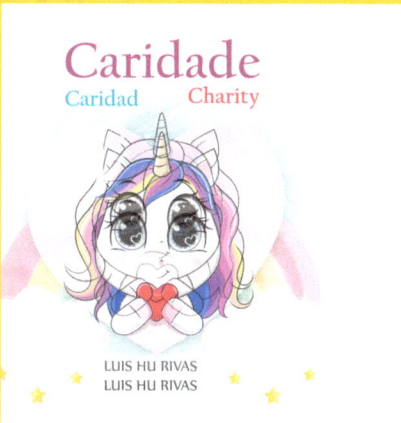
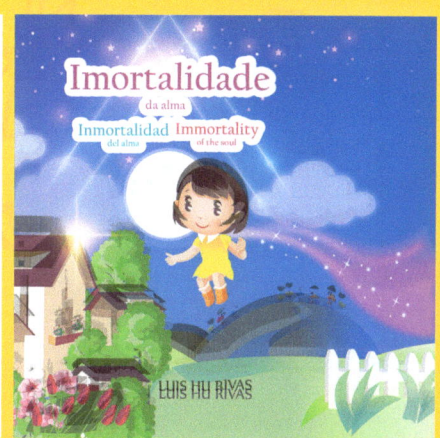

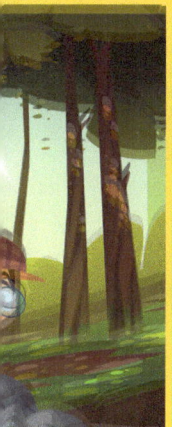
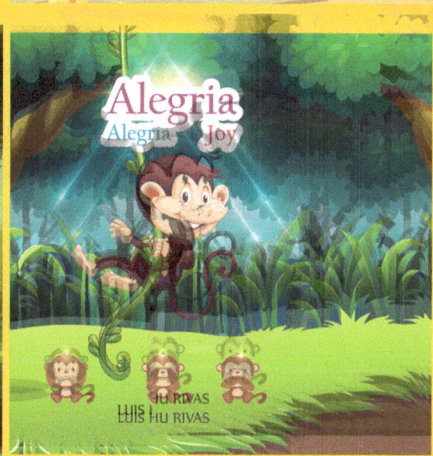
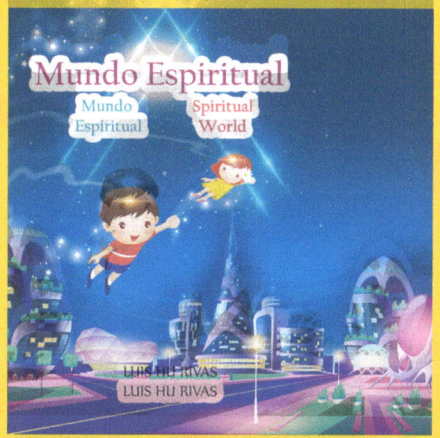
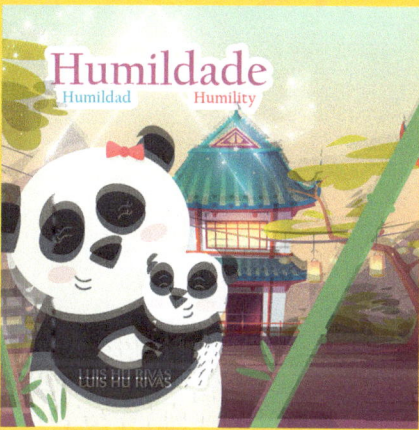

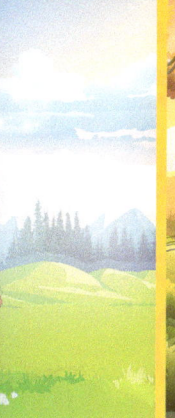
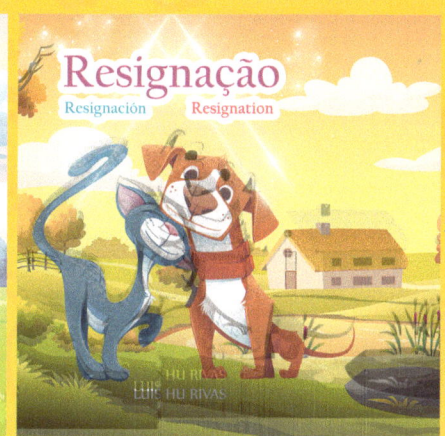
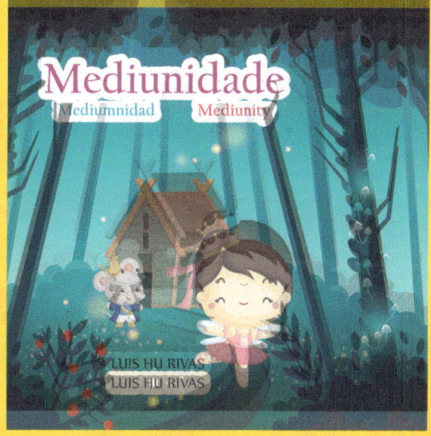
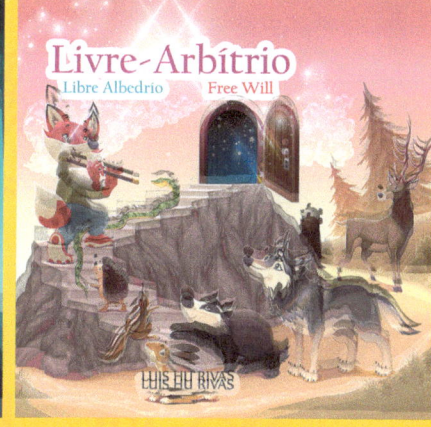

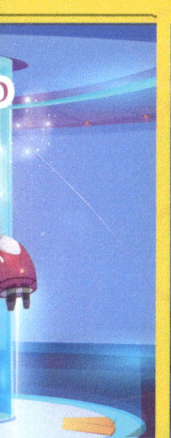
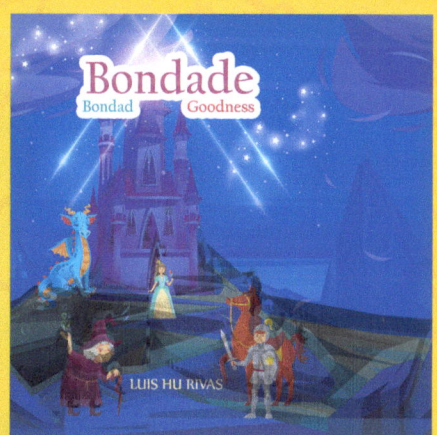

Vamos conhecer ensinamentos de luz que trazem paz e felicidade aos nossos corações.

Vamos a conocer enseñanzas de luz que traen paz y felicidad a nuestros corazones.

Let's get to know enlightening teachings that bring peace and happiness to our hearts.

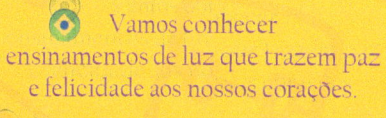
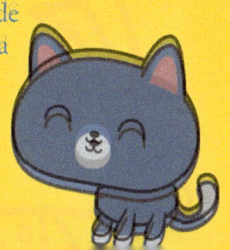

🇧🇷

Ao lado de Péricles e Catarina, você vai se divertir para valer!
Embarque em uma emocionante história ilustrada, com muitos ensinamentos luminosos.
Usando sua imaginação, você vai descobrir respostas a perguntas como:
O que acontece nos sonhos? Será que podemos fazer amigos, enquanto dormimos? Qual é a importância da prece antes de dormir? E o que é o perispírito?

🇪🇸

¡Junto con Pericles y Catarina, te divertirás mucho!
Embárcate en una emocionante historia ilustrada, con muchas enseñanzas luminosas.
Usando tu imaginación, descubrirás respuestas a preguntas como:
¿Qué pasa en los sueños? ¿Podemos hacer amigos mientras dormimos? ¿Cuál es la importancia de orar antes de acostarse? ¿Y qué es el periespíritu?

🇺🇸

Along with Pericles and Catarina, you will have real fun!
Embark on an exciting illustrated story, with many luminous teachings.
Using your imagination, you will discover answers to questions such as:
What happens in dreams? Can we make friends while we sleep? What is the importance of prayer before bed? And what is the perispirit?

HU PRODUÇÕES